ГОСУДАРСТВЕННОЕ
СТРОИТЕЛЬСТВО
И
СОЦИАЛЬНОЕ
РАЗВИТИЕ
В
БЕЛАРУСИ

白俄罗斯的国家构建与社会发展

郝 龙——————著

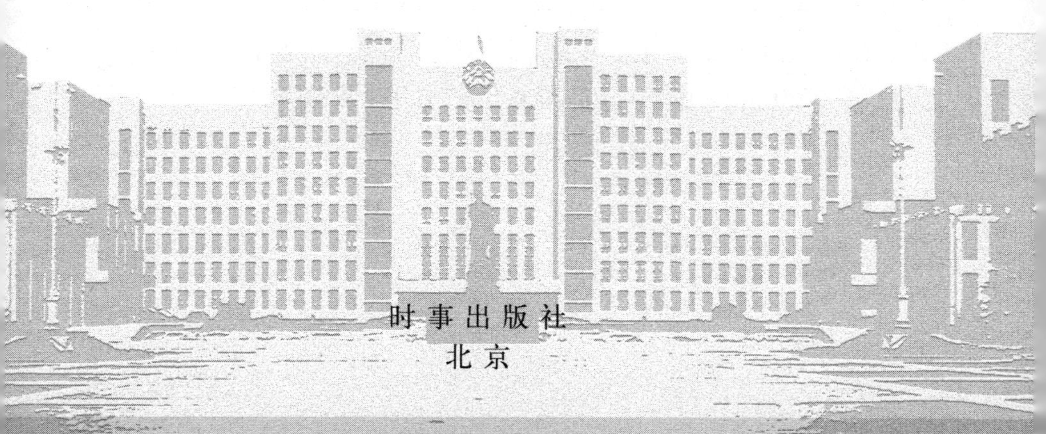

时事出版社
北京

图书在版编目（CIP）数据

白俄罗斯的国家构建与社会发展/郝龙著．—北京：时事出版社，2020.12

ISBN 978-7-5195-0373-4

Ⅰ．①白…　Ⅱ．①郝…　Ⅲ．①国家—行政管理—研究—白俄罗斯　Ⅳ．①D751.143

中国版本图书馆 CIP 数据核字（2020）第 204428 号

出版发行：时事出版社
地　　址：北京市海淀区万寿寺甲 2 号
邮　　编：100081
发行热线：（010）88547590　88547591
读者服务部：（010）88547595
传　　真：（010）88547592
电子邮箱：shishichubanshe@sina.com
网　　址：www.shishishe.com
印　　刷：北京朝阳印刷厂有限责任公司

开本：787×1092　1/16　印张：13.25　字数：150 千字
2020 年 12 月第 1 版　2020 年 12 月第 1 次印刷
定价：88 元

序　1

郝龙博士通过一位学术前辈的引荐，提出希望我为他的著作写一篇序。我有些吃惊，因为他写了一本关于白俄罗斯的著作。白俄罗斯无论从领土面积、人口数量还是从经济规模、国际影响来说都是一个“不大”的国家。国内从事白俄罗斯研究的人屈指可数。主要原因是，小国研究的难度并不小，需要懂对象国的语言，对该国进行田野调查和长期跟踪观察，具备历史学、政治学、社会学等至少一门学科的专业知识，能够运用理论分析问题。而且，小国的关注度有限，发表成果比较困难，需要坐得住“冷板凳”。郝博士的研究成果能够有机会出版，实属白俄罗斯研究界的喜事和幸事。话说回来，既然这么困难，到底是否有必要研究白俄罗斯这样的小国呢?

国别研究，包括小国研究的意义无非体现在两个方面：一是学术意义，二是现实意义。就学术意义而言，可以是发现新的史料、提供新的知识和研究视角，或者发现新的规律或道理。具体来说，可以选择时间、空间、文化、民族国家构建和制度转型、国际和地区体系等维度对国家进行审视。

从时间维度说，生活在白俄罗斯这块土地上的人的历史可以上溯至数千年前，而有文字记载的历史可以上溯至公元5世纪。白俄罗斯人的历史既是一部血泪史，也是一部抗争史。白俄罗斯人由基辅罗斯人分化而来，先有白俄罗斯地名，后有民族称谓。13世纪蒙古入侵时，白俄罗斯作为立陶宛大公国的一部分未受到波及。16世纪白俄罗斯成为波兰立陶宛联合王国的组成部分。18世纪末波兰被三次瓜分后，白俄罗斯并入俄罗斯。1922年白俄罗斯苏维埃社会主义共和国加入苏联。苏联解体后，白俄罗斯成为独立主权国家。白俄罗斯历史变迁的过程中有很多值得深究的问题，例如：为什么20世纪初白俄罗斯民族建立独立民族国家的尝试没有取得成功？白俄罗斯的历史叙事与周边国家相比存在哪些异同？原因是什么？

从空间维度说，白俄罗斯位于东欧，夹在东西方之间，地理条件对其历史命运的影响非常显著。白俄罗斯既属于欧洲，也属于欧亚空间，准确把握白俄罗斯的政情、民情、社情和国情，比较白俄罗斯与东欧国家、欧亚国家在政治、经济、社会等方面的异同，有利于全面理解欧洲和欧亚地区，也有利于发现东欧地区和欧亚地区各自的特殊性。

从文化维度看，白俄罗斯文化是欧洲文化的组成部分，为欧洲文明的发展做出过贡献。古白俄罗斯语曾是立陶宛大公国的官方语言。白俄罗斯处于东西欧文化的交汇处，其民族文化与东斯拉夫文化和波罗的海诸民族的文化有着密切的联系，东正教和天主教在这里和谐共处。白俄罗斯也因此成为欧洲不同地域文化相互传播的桥梁和彼此融合的纽带，白俄罗斯民族性格中的包容与此有关。在西欧人看来，白俄罗斯文化是欧洲文化万花筒中的一朵奇葩，是一颗未经雕琢的宝石；而在东斯拉夫人看来，白俄罗斯文化是熟悉和亲切的，仿佛看到了镜子里的自己。关于白俄罗斯文化，有很多有趣的问题，例如：白俄罗斯的名称因何而来？东斯拉夫三大民族——白俄罗斯民族、俄罗斯民族和乌克兰民族，在思维方式、文化习俗和生活方式上有怎样的共性和差异？或者说，白俄罗斯民族的独特性是什么？这种民族性与其历史变迁有着怎样的联系？白俄罗斯民族主义有怎样的起源、发展历程和特点？为什么白俄罗斯没有提出融入欧洲的目标？

从民族国家构建和制度转型的维度看，也有很多问题值得思考。为什么作为独立主权国家的白俄罗斯保留了很多苏联的痕迹？独立以后的白俄罗斯走过了怎样的民族国家构建、制度转型和现代化之路，有怎样的经验和教训，又面临怎样的机遇与挑战？30年来是否形成了所谓的“白俄罗斯模式”，白俄罗斯民众对此做何评价？

从国际和地区体系的维度看，白俄罗斯作为小国在国际和地区体系的变迁中扮演了怎样的角色？素有“装配车间”之称的白俄罗斯如何创新经济增长模式从而在全球价值链中占据更有利的位置？其外交中的主观能动性体现在哪些方面？它是如何在大国的竞争中争取利益最大化的？它的努力对于国家间关系以及地区和国际体系产生了怎样的影响？白俄罗斯在俄白联盟、欧亚经济联盟、集体安全条约组织和俄罗斯的大欧亚伙伴关系构想中发挥着怎样的作用？白俄罗斯与欧盟关系的前景如何？可否把白俄罗斯的案例纳入小国行为研究中总结大国竞争中的小国行为的逻辑？

就现实意义而言，白俄罗斯是中国的全面战略伙伴，两国都非常珍视彼此之间的全天候友谊。白俄罗斯在中国的核心利益问题上长期坚定地支持中方。白俄罗斯也是共建“一带一路”的重要伙伴。中白工业园是中国最大的境外经贸合作区，也是“一带一路”标志性工程。白俄罗斯位于欧亚交通走廊的十字路口，中欧班列进入欧洲的最短过境通道经过白俄罗斯。中国每年都向白俄罗斯提供经济技术援助，在白俄罗斯有 40 多个经济合作项目、约 300 家企业和 4000 多名留学生。无论是维护中国海外的正当合法利益，还是维护中白关系长远向好，我们都需要对白俄罗斯保持长期深入的研究，为国内有关机构和企业决策提供客观的国别和区域知识、扎实的分析以及准确的判断。

郝博士从民族国家构建的角度解读和剖析白俄罗斯独具新意，

期待其著作以及后续的学术研究为白俄罗斯学科发展不断做出贡献，谨以此文代序向其表示支持和祝贺。

中国社会科学院俄罗斯东欧中亚研究所乌克兰室主任　研究员

赵会荣

2020 年 9 月 25 日

序 2

白俄罗斯共和国（Республика Беларусь，以下或简称白俄罗斯），是一个位于东欧平原的内陆国家，其东部和北部与俄罗斯为邻，西部同拉脱维亚、立陶宛和波兰接壤，南部挨着乌克兰，领土面积为20.76万平方千米。在全国950.5万（2016年）的人口中，白俄罗斯人占81.2%、俄罗斯人占11.4%、波兰人占3.9%、乌克兰人占2.4%。[①]

白俄罗斯的地缘特点是，地处西欧和斯拉夫东正教文明的交界处，是一个多重文明、多元文化的交汇处。一方面，处于文明边界给这个国家带来一个巨大的好处，就是形成了多元文化社会，其中包括各种民族、习俗和方言，丰富的民间文学艺术及其风格。多元文化的社会现状也为这个国家奠定了宽容世界与尊重他人的基础。另一方面，在多元文化的社会中，由于所生活的、其中的

① Национальный статистический комитет Республики Беларусь：https：//belstat. gov. by.

文化类型不同，也存在着发生内部冲突的严重风险。

白俄罗斯在中世纪时曾建立过公国，12 世纪后被立陶宛占领，18 世纪被俄罗斯帝国吞并。1917 年十月革命后，白俄罗斯建立起苏维埃政权，此后短期被德国、波兰占领，1922 年正式加入苏联。1991 年 8 月，白俄罗斯独立之后开始了新的国家构建。客观来讲，白俄罗斯的新国家构建是在苏联剧变和解体的背景下进行的，因而在转型转轨方面与俄罗斯等后苏联空间国家有一定的相似性。但是，由于受所处的地缘政治和历史传统等方面因素的影响，白俄罗斯在国家构建和社会发展的许多方面又显现出自己的特点。

20 世纪 90 年代，总统和议会之间进行了激烈的权力争夺。最终，总统卢卡申科的获胜深刻影响了今天白俄罗斯国家和社会的发展。在政治上，总统卢卡申科通过 1996 年和 2004 年的两次修改宪法，扩大了总统权力，取消了宪法对总统的任期限制，从 1994 年当选后一直连任至今。长期的执政，使白俄罗斯的总统权力不断巩固，形成了“强总统、弱议会、小政府”的国家治理模式。在经济上，白俄罗斯叫停了最初由最高苏维埃倡导的“全面私有化”政策，有效地控制了国家构建初期因经济情况而急剧恶化的整体政治形势。之后，白俄罗斯又确立了“以公有制经济为主体”的经济发展模式，稳定了国家的经济发展基础。至今，白俄罗斯依然实行保障全民住房、教育和医疗，土地公有的经济政策。国有经济和集体经济依然占全国经济总量的70%以上。[①] 并且，最高工资和最低工资相差不到四倍，贫富差距很小。客观来讲，白俄罗斯是个收入差距较小、居民生活保障较好的东欧国家。

2014年以后，白俄罗斯因“克里米亚事件”与俄罗斯产生嫌隙，西方国家开始借机挑拨。在白俄中央银行放松警惕开放部分金融管制后，对其进行了大规模的经济渗透，复制“乌克兰模式”。最终，导致白俄罗斯政局在“2020年总统大选”后持续动荡。

当前，白俄罗斯共和国的政治风险激增，政治社会发展再次出现面临剧烈动荡的可能。未来的白俄罗斯将走向何处？这不仅成为世界学界都为之感兴趣的话题，而且还成为世界各国和各种政治力量关注的焦点。因为，白俄罗斯未来的发展不仅深刻影响着俄罗斯、白俄罗斯、乌克兰三个东斯拉夫民族国家间的关系，同时，也牵动着东欧、中亚地区的平衡，以及俄罗斯与北约的军事对峙等关键国际局势变化。所以，白俄罗斯未来的政治社会走向，一方面，取决于国内的政治、经济等各方面改革、转轨的形势；另一方面，又取决于纷繁复杂的国际环境及其与大国之间的博弈关系。同时，白俄罗斯政治社会的不断变化，也影响着与中国之间关系的发展方向。鉴于白俄罗斯在其所处地区的地位极其关键，因此，进一步加深对白俄罗斯的研究存在着巨大的必要性。

---

① Национальный статистический комитет Республики Беларусь：https：//belstat. gov. by.

本专著所提供给读者和学界研究者的，主要是白俄罗斯自独立之后，其政治、经济、外交三个重要领域的发展现状和趋势变化，以典型的政治学的学科背景和学科知识为支撑，加以分析与评价。相信将在一定程度上有助于我国对白俄罗斯的外交政策制定，对俄罗斯以及其他独联体国家，甚至部分欧洲国家的外交策略制定也有一定借鉴意义。

此外，笔者在分析白俄罗斯独立之后的政治、经济、外交发展进程中，还融入了苏联解体、独联体建立、苏维埃制度的发展背景，以及白俄罗斯国家的历史文化因素，为此项白俄罗斯的研究提供了更为丰满、全面的研究背景和资料的支持。

最后，笔者深切希望本专著能够作为学界研究白俄罗斯的又一个起点，虽然自身的知识储备有限，书稿中所提供的白俄罗斯研究的理论与实践框架，限于笔者的政治学、国家间政治等研究背景，但是相信学界的前辈以及源源不断的后来者，能够以此为一个参照蓝本，进一步加深、加强对于白俄罗斯的研究。为我国对于白俄罗斯（甚至包括俄罗斯）的国家转型借鉴、对外政策和策略等方面，有进一步的提升和启发。在此，也特别感谢中国社会科学院、北京大学相关领域的领导和专家在这本著述撰写过程中所给与的指点与鼓励。再次表示诚挚的谢意！

郝　龙

2020 年 8 月 26 日

目 录

contents

导　论

一、研究背景及意义

在苏联时期，白俄罗斯苏维埃社会主义加盟共和国，以苏联加盟共和国的形式、白俄罗斯民族为主体，形成了一个加盟共和国。但是，当时它并不具有独立的外交权，更不能以独立的身份与其他国家保持有外交关系。苏联解体后，其各加盟共和国开始了作为独立主权国家的发展历程。其中，受到世界学者最广泛关注的就是俄罗斯、白俄罗斯和乌克兰。一方面，这些国家都是东斯拉夫民族形成的民族国家，不同程度地继承了苏联的政治、经济和文化遗产；另一方面，在东斯拉夫兄弟民族内部，也同样存在着激烈的竞争，之于民族文化起源、政治经济地位、血统传承等诸多方面。

独立之后，白俄罗斯作为原苏联的第四大加盟国，与苏联时期的平稳、甚至是“默默无闻”的政治、经济等发展局面有所不同，经历了十分激烈的国内政治变化和社会经济变化。在国内学界，专家学者往往将其视为一种从社会主义国家向资本主义国家的转型或者转轨。在这一政治经济发展进程中，白俄罗斯形成了较为平稳的政治、经济、社会发展状态。

1919 年，白俄罗斯苏维埃社会主义共和国正式成立。1922 年 12 月，白俄罗斯与俄罗斯联邦、乌克兰、外高加索联邦共同成立苏维埃社会主义共和国联盟。1991 年 9 月，白俄罗斯短暂地沿用了苏联后期实行的最高苏维埃制度，确立了以最高苏维埃为权力核心的三权分立的体系，改名为白俄罗斯共和国。12 月 8 日，白俄罗斯作为创始国加入独联体。这是白俄罗斯历史发展的整体脉络与轮廓。但同时，不得不说，白俄罗斯的历史文化和政治经济进程却远远没有上述几句话那么简单。

如果从历史文化根源来讲，白俄罗斯人源于东斯拉夫民族的一支。“白色罗斯”一词最初出现于 1135 年的编年史。白俄罗斯最早的历史记载始于公元 862 年①波洛茨克城堡的建成。在 9—12 世

① 关于罗斯国家起源，史学界有不同的说法。部分学者认为，建于 882 年的基辅罗斯，是东斯拉夫三个民族俄罗斯、白俄罗斯、乌克兰的共同起源。而在此之前，还有与罗斯起源相关的城市或者公国建立。如建于 862 年的诺夫哥罗德，以及文中指出的波洛茨克城堡（862 年）等，这些史实依据可以共同作为罗斯起源的依据，至少从时间上讲，它们的建立是早于基辅罗斯的。另据国内史学界专家刘祖熙教授在《波兰通史简编》中指出，斯拉夫民族最初分为东斯拉夫和西斯拉夫两大分支，而南斯拉夫是在后来形成的（第 4 页）。可以说，从罗斯起源的角度来讲，东斯拉夫的起源是较早的。

纪，围绕着该城堡形成了波洛茨克公国，这是这座城堡成为公国的历史印记。13 世纪初期，白俄罗斯出现了自己的语言和文字①。13 世纪中至 18 世纪末期，白俄罗斯曾先后归属“立陶宛大公国”和“立陶宛—波兰王国”，② 18 世纪后才并入沙俄帝国③。处于东西方文明交界处的白俄罗斯由于长期被侵占、多次被吞并，使其民族的性格愈发坚韧，多民族的国家状态也使白俄罗斯这个国家极具包容性和独立性。

其实，提到白俄罗斯，就不得不提及几乎与它在东斯拉夫民族

① 李明滨主编：《独联体国家文化国情》，北京大学出版社，2004 年版，第 121 页。

② 在帝俄时期，白俄罗斯与乌克兰都几乎没有自己本民族和地区的主权，被置于沙皇俄国的统治之下，并且都经历过东西分裂较为悲惨的局面。除了沙皇俄国之外，它们也间或受到了波兰、德国、鞑靼等国家和民族的侵犯。在一段历史时期中，白俄罗斯和乌克兰都曾被置于“立陶宛—波兰公国”的统辖范围，所不同的是，乌克兰主要受到的是来自波兰贵族的压迫，而白俄罗斯的压迫者则是立陶宛。由于所经历的历史与文化传统既有相同之处，又有相异的地方，在这种纷繁缠绕的历史背景下，形成了既相互联系、又相互独立甚至有些互相排斥的现代白俄罗斯与乌克兰的政治、经济局面。历史文化因素，虽没有政治、经济领域分析之后，能够直接获取对于对象国外交政策的施与，但是，前者却是一个长期作用的结果。历史文化因素在政治、外交的事实上具有不可抹杀的潜在作用。所以，对于白俄罗斯或者其他独联体国家、大国关系研究，历史文化因素也是较为重要的直接或者间接因素之一，值得加以探讨。

③ 正如文中所指出的那样，白俄罗斯在并入沙皇俄国之前，其民族历史是十分复杂的，所以，当它并入沙俄之后，也不是完全融入沙皇俄国的文化的。可以说，白俄罗斯具有其独特的历史文化特性，反映在现代独立的白俄罗斯，则体现于它经历了延续苏联的最高苏维埃制、总统与议会的权力之争之后，最终确立了强势总统制。它在东西方文化与文明的冲击与侵蚀下，在欧美、俄等大国的博弈中，始终保持了政治、经济、文化、外交等几乎全方面、全方位的独立，这与笔者在开篇论及的，白俄罗斯在多重文明、多元文化冲击下保留和延续了饱满、宽容的民族文化性格，具有强烈的、深入的相互联系。在此，笔者暂不做过多赘述，还有待对于这类问题感兴趣的研究者，进行更为深入的研究。

中“等同”的乌克兰。二者虽然都是东斯拉夫兄弟民族，又同样以民族联盟的形式成为苏联的一个加盟共和国，同时，它们又都是最初同意苏联解体的联盟主体，但是，在苏联解体之后，白俄罗斯和乌克兰的命运却大不相同。白俄罗斯经历了独立之后政治体制的转型与重构，总统与议会的权力之争，总统威权主义不断形成与发展，并且在立法体系中得以体现。在经济领域形成了均衡的社会经济政策，在有限的市场化经济体制下，私有化经济逐渐走弱。在外交领域继承了苏联与美国冷战对峙的特点，与西方世界冲突不断。但值得注意的是，对于白俄罗斯的国内情况和国际局势，俄罗斯不是当年的苏联，可以主导白俄罗斯的内政与外交，而是与之保持着平等的地位。普京对于卢卡申科也以“兄弟”相称。可以说，苏联解体之后，白俄罗斯保持了相对独立的发展，保持了文化的独特性。而乌克兰，作为昔日苏联时期与白俄罗斯联邦社会主义加盟共和国“平起平坐”的兄弟国家，却经历了内部的四分五裂，从总统任免到议会的选举，往往是被欧美、俄等大国所操纵。人们不禁要问：看似经历相似的两个民族国家，为什么会出现如此不同的政治格局？这里将从白俄罗斯的政治、经济、外交三重视角，解读白俄罗斯自独立以来，政府所采取的不依赖于任何一个大国的实际行动。为了避免在苏联解体之后成为一个“弱国”，卢卡申科从总统到议会，从私有化到市场经济，从对欧美外交再到对俄罗斯，进行了全盘考量，为白俄罗斯的政治、经济和国家社会发展，制定了合理的、强势的国家政策。但是，乌克兰却在国家最初的起步与发展阶段，大量借助了外界的力量和境外的经济援助，从一开始就处于较为被动的状态。随后，政党连续更替，几任总统接连下台，乌克兰的政局不稳几乎成了世人皆知的话题。大国的介入、宗教的纷争、领土“所有权”等问题接踵而来。从某种意义上来说，白俄罗斯与乌克兰有相似之处，有“平起平坐”的潜质。但是，从历史文化角度来分析，乌克兰有着依赖于外族、异邦的传统。而从语言文化的角度，也可以分析出白俄罗斯与乌克兰的不同之处。白俄罗斯（或称白罗斯，Белая Русь）在罗斯民族中较为高贵，因为“白”在俄语中是美好之意。而乌克兰在帝俄时期被称为“小罗斯”（Малая Русь），是被歧视、被贬低的意思。所以，从民族种性上来看，虽同为东斯拉夫民族，但是它们所属的种族是有所不同的。

另外关于“白俄罗斯”的命名，学界专家李明滨教授在《独联体国家文化国情》一书中指出，有学者认为，“白俄罗斯”是相对于“黑俄罗斯”而言的。“黑俄罗斯”是指 13 世纪被立陶宛占领的西白俄罗斯的领土，“黑”意指被侵略与被压迫，而“白”则是指白俄罗斯东部领土被蒙古人所征服，但没有被立陶宛大公占领。这是白俄罗斯名称由来的解释之一。关于白俄罗斯语言与文字的形成，是从 14 世纪开始，白俄罗斯领土上的俄语（或称古俄语）发生了一些发音与词形上的变化，这些变化所形成的语言特点逐渐成为白俄罗斯语的典型特征。[①]

民族性格不同，国家命运使然，同样经历了兼并、侵略的白俄罗斯与乌克兰两个民族，勾画出了自己不同于对方的历史、文化与民族性格。俄罗斯学者更多关注了乌克兰的历史与文化，而相对“忽略”了白俄罗斯。例如，别林斯基曾分别评价过俄罗斯与乌克兰不同的民族性格，却有意无意地忽视了白俄罗斯民族。别林斯基认为，俄罗斯民族经历了鞑靼民族残酷的烧杀抢掠，形成了极为坚韧的民族性格，在东斯拉夫民族中和文化传承中立于不败之地。而乌克兰民族由于并未经历此种历史的鞭挞，形成的民族性格反而较为弱势。关于别林斯基较少关注白俄罗斯的原因，在笔者看来，可能源于前者的“大俄罗斯主义”民族传统。因为，在蒙古鞑靼统治时期，俄罗斯民族忍受了240—250年的统治桎梏。但在此期间，白俄罗斯却作为“免税”的民族，享受到了优惠的待遇。而按照俄罗斯民族的强自尊心性格，是不愿意看到其他民族，尤其是东斯拉夫兄弟民族，在地位、受尊重的程度方面超越俄罗斯本民族的。因此，俄罗斯学者对于乌克兰给予了更多的“关注”。但是，对于相对优越一些的白俄罗斯，则开始吝惜笔墨。

① 李明滨主编：《独联体国家文化国情》，北京大学出版社，2004年版，第121页。

客观来讲，文化的发展不仅决定了一个民族的起点，甚至决定了一个民族的终点，决定了事物发展的最终结果。上述历史和民族性格不仅为白俄罗斯独立后的国家发展注入了社会凝聚力高、独立自主性强等特点，而且，还为这个国家和社会奠定了宽容和尊重他人的人文基础。但与此同时，由于白俄罗斯地处东西方文明间，具有多元文明和多元文化性，其国内民众的民族、习俗、语言和方言等文化性特征差异较大，这也为白俄罗斯政治的社会文化根基埋下了发生剧烈内部冲突的巨大政治性危险。

目前，根据白俄罗斯的官方统计，在950.5万（2016年）的人口中，白俄罗斯人占81.2%、俄罗斯人占11.4%、波兰人占3.9%、乌克兰人占2.4%。文明的传统与传承、多元文化的冲击，将白俄罗斯引向何处？从政治、经济、外交三大领域的发展变化加以分析和解读，将是笔者对这一问题给出的答案。

二、国内外研究现状

当前，国内外学术界对白俄罗斯的研究主要集中在某些政治、经济转轨，以及具体问题层面，特别关注俄白哈关税同盟，白俄罗斯的经济发展、银行金融体系，以及“中白工业园”合作等具体问题。对于白俄罗斯政治、经济、外交等系统性的研究则相对较少。

（一）国内研究现状

中国学者对白俄罗斯国家的发展研究，主要是从苏联解体之后开始。目前，在白俄罗斯政治转轨、经贸关系、外交政策以及中白合作等方面已经涌现了许多论文和专著。例如：郑羽主编的《独联体十年现状·问题·前景（1991—2001）·上卷/下卷》(2002 年)，对有关独联体的诸多问题进行了系统全面的研究。例如独联体在当前世界政治、经济和文化发展史上的地位，对独联体未来发展的几种基本趋势的分析，独联体政治、经济和军事一体化的基本状况及其发展前景的研究。此外，还从“独联体一体化”发展的角度，分析了该地区国家政治、经济中所存在的问题，并针对安全问题进行了较为深入的研究，内容涉及当代世界中的独联体、各成员国对独联体的政策、独联体的经济一体化问题、独联体政治一体化问题、独联体范围内的非传统安全问题、独联体与中国等。[①] 李静杰主编的《十年巨变：新东欧卷》（2004 年)，从新东欧六国（白俄罗斯、乌克兰、爱沙尼亚、拉脱维亚、

---

① 郑羽主编：《独联体十年现状·问题·前景（1991—2001）·上卷》，世界知识出版社，2002 年版；郑羽主编：《独联体十年现状·问题·前景（1991—2001）·下卷》，世界知识出版社，2002 年版。

立陶宛、摩尔多瓦）对比的角度研究了白俄罗斯转轨十年来的政治、经济以及对外发展。[①] 李明滨主编的《独联体国家文化国情》（2004 年）中，综合介绍了独联体十五个国家的政治、经济、历史、文化等概况，是了解这些国家包括白俄罗斯的重要参照。[②] 李允华、农雪梅编著的《列国志 · 白俄罗斯》（2005 年）是国内关于白俄罗斯在政治、经济、对外发展方面的综合性著作。该书较为全面和系统地介绍了白俄罗斯的政治、经济、外交、历史、地理、民族、宗教、军事，以及文化发展情况。为今后从事该领域研究的学者，提供了严谨的学术框架和丰富的研究资料。[③] 丁军、王承就等的《转型中的俄罗斯、乌克兰和白俄罗斯》（2010 年）以白俄罗斯的政治社会转型为基础，研究了白俄罗斯的经济转型与发展，以及对外关系的演变发展。对该地区国家的国有企业私有化依据标准和程度进行了详细分析，涉及部门性质、固定资产、职工人数等。此外，还对“俄白一体化”所面临的挑战和机遇进行了深入分析。[④] 白俄罗斯科学院历史研究所所长科瓦列尼亚主编、赵会荣翻译的《白俄罗斯简史》（2016 年），以较为准确的史料和清楚的条理对白俄罗斯的历史进行了较为专业的分

---

① 李静杰主编：《十年巨变：新东欧卷》，中共党史出版社，2004 年版。

② 李明滨主编：《独联体国家文化国情》，北京大学出版社，2004 年版。

③ 李允华、农雪梅编著：《列国志 · 白俄罗斯》，社会科学文献出版社，2005 年版。

④ 丁军、王承就等：《转型中的俄罗斯、乌克兰和白俄罗斯》，世界知识出版社，2010 年版。

析，反映出了白俄罗斯国家和文化在欧洲文明中的地位、作用及成就。[①]

上述著述不仅给学界提供了白俄罗斯研究的概览和综述性的内容，同时就政治、经济、文化、历史、外交等多个领域进行了深入浅出的分析。对于研究白俄罗斯国家战略与政策提供了一定的蓝本。同时，对于进一步深入白俄罗斯国家内政、外交的研究，提供了许多基础性的材料，以及方向性的指引。国内现有的关于白俄罗斯研究的著述，已经初步形成了一定的体系，其内容相互补充、相互借鉴，为进一步深入研究白俄罗斯打下了较为坚实的基础。这本专著对于白俄罗斯的研究，从典型的政治学分析的方法和角度入手，着重阐述了政治、经济、外交三大主要方面，从总统威权主义到经济转型与私有化走弱，从依赖度较高的对外经济发展趋势到俄、白两国之间合作与竞争的联合发展关系，从“一波三折”的近欧之路到与美国的矛盾与冲突。作者结合和发挥多年学习和积累的政治学学科知识和分析经验，在结合了国内已有研究的基础上，如政党政治、私有化改革、俄白一体化发展现状和趋势等，就所查阅的英文、俄文、白俄罗斯文一手材料，对白俄罗斯当前的政治格局、经济形势、外交走向，从自身的认识基础和角度出发，进行了严谨、科学以及定量、客观的分析，对于白俄罗

---

① ［白俄］科瓦列尼亚（А. А. Коваленя）主编，赵会荣译：《白俄罗斯简史》，社会科学文献出版社，2016 年版。

斯的威权主义政治形成的过程、私有化经济走弱的趋势与原因、外交政策的几次转变等进行了详细的论述，并且提出了较为客观的观点。总体来说，白俄罗斯经过了亲欧的历程，发现了欧美国家所谓民主制度、两党制度的弊端，以及在白俄罗斯本土“水土不服”之后，毅然决定回归与俄罗斯的结盟，以及加强自身在独联体国家中的地位和影响力，融入“后苏联空间和地区”的行列之中。

白俄罗斯威权主义政治体制得以建立和重构，并不是一蹴而就的。这期间经历了国家的政治、经济的转型和转轨，在被西方“拆解”之后得以及时调整和重新构建，同时，对于国家内政，总统与议会也曾进行了激烈的权力和政治之争。在此之后，威权主义的政治模式给白俄罗斯带来了许多政治和阶级的固化，这是其过度排斥西方民主、完全接纳集权统治所带来的弊端。作为白俄罗斯总统的卢卡申科，面对国家的内政问题及时做出了较为积极的调整，通过立法使总统权威得到了巩固，消除了威权主义统治的一些弊端。同时，卢卡申科还抓住了白俄罗斯政权稳固时期的战略机遇期，在总统制处于强势地位时，巩固和加强了对白俄罗斯政党的控制力，使白俄罗斯探索出了一条行之有效、自上而下的威权主义总统制和管理体系。这是白俄罗斯在政治上的发展脉络和经历。

在经济方面，最初，白俄罗斯效仿了叶利钦时期俄罗斯的私有化市场经济的改革手段，模仿“休克疗法”的经济模式，但是伴随这一方法在俄罗斯的试行失败，白俄罗斯也紧随其后品尝到了

“休克疗法”的苦果。在此之后，白俄罗斯政府做出了积极的应对与应急解决方案。在国家独立之后，自行进行经济的转型，符合本国的国情特色和人民利益，在这种情况下，最初的私有化经济形势逐渐走弱。一方面，白俄罗斯脱离了俄罗斯式的转型模式和方法，另一方面，白俄罗斯探索出了适合本民族国家的经济发展之路。这样的举措也间接影响到了政治领域的威权主义，由于政府采取的经济措施深得民心，于是带来了政治领域政权统治的稳固与相关政策的顺利推进。在经济得以平稳发展之后，白俄罗斯政府对于市场经济进行了有效的限制，在国家内施行有限的市场经济发展体系。由于白俄罗斯在历史上没有经历过发达资本主义时期，导致了它实行市场经济的经验和历史准备不足，在以市场经济为主的经济转型中出现了许多漏洞，对于西方的资本主义市场经济经验难于借鉴——在经历了近 70 年的社会主义集体化工业生产经济阶段后，经济体制的转型不可能在瞬间实现。在这种情况下，白俄罗斯政府对于国家市场经济的限制是较为有效的控制经济和发展经济的手段。在此情况下，白俄罗斯政府根据现行的经济运行现状，制定了较为均衡的社会经济政策，社会经济达到了高度均衡的运行状态，这与政府对于经济的宏观调控是功不可没的。但是，白俄罗斯的社会经济发展，也存在一定的弱点和弊病，即在政府调控经济的过程中，过度依赖对外经济的扶持，给不断探索独立自主发展道路的白俄罗斯在前进的道路上埋上了一层雪霜。

2005 年，白俄罗斯经济部发布了关于制定国家商业投资计划的适用规则。在这一规划中，政府决定利用当时的全球化趋势不断促进白俄罗斯国民经济的迅速发展，但是，全球化趋势的主导国家美国是不可能大公无私、慷慨解囊地扶持白俄罗斯国内经济迅速发展的。可以说，白俄罗斯在过度依赖对外经济的发展模式上碰了钉子。政府官员在加强白俄罗斯对外经济的过程中，主要以增加外商直接投资和信贷为主，这在很大程度上依赖于欧美的融资，资本货币以外向型为主。而由于白俄罗斯的工业生产、IT 技术没有能够达到与欧美相较量的程度，在与欧美经济竞争中占据不到应有的优势。因此可以说，在今天较为强势的白俄罗斯威权主义统治制度下，其国家经济发展的轨道曾出现过波折和挫败。由于受到苏联时期各加盟共和国分工合作的经济规划的影响，在独立建国之后，需逐步形成较为完善的经济发展体系，同时，鉴于其既有的工业底子和制度模式，对于欧美的依赖几乎是“竹篮打水一场空”。在依靠西方与俄罗斯均不能成功的情况下，顽强的白俄罗斯政府努力探索出了适合本国国情和发展轨迹的政治、经济发展之路。

在对外关系上，白俄罗斯的外交政策与乌克兰有很大不同。表面上看，二者都是“摇摆”于东西方之间，既接受欧美方面的援助，也接受俄罗斯的扶持；既与欧美保持友善的、合作的经贸关系，也同时顺应俄罗斯对于独联体国家的要求，尽到了作为联盟一员应尽的责任。而事实上，乌克兰与白俄罗斯的“亲俄近欧”

有很大不同。乌克兰作为一个几乎失去了外交导向、计划和策略的国家，摇摆于欧美大国与俄罗斯之间，期望利用大国之间的矛盾和利益争端，在其中谋利。但是，乌克兰却忽视了能够达成这一目的的前提就是一国具有稳定的政治形势、坚实的经济基础以及稳健的外交政策。而这三点，乌克兰政府均没有做到。作为兄弟民族与近邻国家，白俄罗斯吸取了乌克兰在大国外交中的经验和教训，深知与大国之间的博弈拼的是综合国力。所以，白俄罗斯与欧美和俄罗斯外交关系的建立以及稳步发展都建立在国内政治稳固、经济发展平稳的基础之上。因此，白俄罗斯政府在独立之初并没有急于与世界大国保持频繁、密切的交往关系，而是循序渐进地在本国国内打好坚实的政治、经济、历史文化基础等，与大国之间的交流与交往是不断试水式地稳步推进。

独立之初，白俄罗斯国家元首舒什科维奇施行的外交方针是“独立自主、合作友好”，以“独立”为先，以“友好”为纲。不与世界大国发生冲突，不参与大规模的维和计划，保存本国实力，积聚力量蓄势待发。为了能够保持白俄罗斯独立自主的内政与外交政策，舒什科维奇还淡化了与原苏联加盟共和国、尤其是俄罗斯的关系。在这种情况下，易于平衡与美国、欧洲的外交关系。因为作为原苏联地区的主要继承者，俄罗斯始终难以摆脱苏联时期独霸一方的“阴影”，而舒什科维奇最初淡化这层外交关系的举措，为白俄罗斯平衡世界局势，树立本国独立的外交形象，免受俄罗斯过多影响等，赢得了时间和机遇。在这种情况和局势下，美国与欧洲作为西方世界国家，没有对白俄罗斯过于亲近俄罗斯的做法发难，反而对其加以扶持与援助，并试图将其纳入西方世界的意识形态范畴和领域。可以说，白俄罗斯尤其在独立之初及独立后期表现出的独立形象，与乌克兰内政与外交皆出现的混乱情形形成了鲜明的对比。这恐怕也是乌克兰需要学习和反思之处。

有关白俄罗斯研究的学术论文目前在国内还比较少，其中有张弘的《白俄罗斯的政治转轨——市场改革与民主化的博弈》，李建民、李永全等合作完成的《欧亚经济联盟：理想与现实》，赵会荣的《白俄罗斯与“一带一路”》，韩璐的《中国与白俄罗斯经贸关系：现状、问题及对策》，丁汝俊、段亚威的《甘肃向西开放中东欧战略切入点的选择——白俄罗斯》，杨恕、王术森的《俄白哈关税同盟的发展及其影响》，赵会荣的《“一带一路”高质量发展与境外经贸合作区建设——以中白工业园为例》等。[①]这些论文从政治转型、经济发展、国际合作等多个方面对乌克

① 张弘：《白俄罗斯的政治转轨——市场改革与民主化的博弈》，《俄罗斯中亚东欧研究》，2012 年第 5 期；李建民、李永全等：《欧亚经济联盟：理想与现实》，《欧亚经济》，2015 年第 3 期；赵会荣：《白俄罗斯与“一带一路”》，《欧亚经济》，2017 年第 4 期；韩璐：《中国与白俄罗斯经贸关系：现状、问题及对策》，《俄罗斯中亚东欧市场》，2013 年第 6 期；丁汝俊、段亚威：《甘肃向西开放中东欧战略切入点的选择——白俄罗斯》，《兰州商学院学报》，2014 年第 1 期；杨恕、王术森：《俄白哈关税同盟的发展及其影响》，《国际问题研究》，2014 年第 4 期；赵会荣：《“一带一路”高质量发展与境外经贸合作区建设——以中白工业园为例》，《俄罗斯中亚东欧市场》，2019 年第 6 期。

兰、白俄罗斯和俄罗斯的政治转轨、经济发展，以及中白在“一带一路”倡议下的合作进行了详细的分析和论证。

此外，国内已有的对于乌克兰、俄罗斯经济转轨、政治转型的部分文章和著述，也是研究白俄罗斯的重要参照和依据，因为在苏联解体之初，这三个苏联时期的主体加盟共和国还没有完全脱离苏联模式的影响，在国家政治、经济、外交政策的发展过程中，兼带了部分苏联时期的国家统治特色，可以互为依据、相互参照。但是，随着独联体政治、经济联盟的日益成熟，原苏联加盟共和国逐渐以独立国家的形式参与联盟活动，重构联盟的性质和定位，俄罗斯、白俄罗斯、乌克兰的经济发展发生了急剧的变化和分歧，三国按照自己的政治、经济、外交发展趋势，制定国家发展计划和对外政策，可以说，随着这种政治转型与经济转轨，这三个国家朝向了不同的发展方向。白俄罗斯——建立了以卢卡申科为首的威权主义政治体制，在经历了独立之初对其他国家的学习和借鉴后，并没有给白俄罗斯带来胜利的曙光。因此，保持政治、经济和外交的独立，与欧美、俄罗斯这些大国保持理性关系，在此契机下，抓紧埋头发展本国经济，理顺政党与政治头绪，这一举措在白俄罗斯获得了显著的成效，并因此而赢得了世界的尊重。

（二）国外研究现状

2006 年，白俄罗斯国立大学国际关系原系主任亚沙拉波

（Шарапо А. В.）在其发表的《当代白俄罗斯共和国对外政策》中提到，1999 年白俄罗斯和俄罗斯联邦有意共同建立一系列联盟组织，以加固双方的同盟关系。该联盟组织应涉及国家最高委员会、部长议会、常务委员会和其他职能部门，这可加深白俄罗斯与俄罗斯的国家及各组织机构之间的联系。[①] 可以说，亚沙拉波的这一设想具有一定的可行性，因为从一定意义上来说，白俄罗斯与俄罗斯是较为相近的兄弟民族。2007 年，白俄罗斯社会经济、政治分析独立学院创始人马纳耶夫（Манаев О. В.）在其发表的文章《白俄罗斯在大欧洲范围内？还是范围外?》中认为，白俄罗斯国家最佳的发展模式，是等距离的地缘中心发展模式。这事实上也是白俄罗斯国家领导人在经历了独立之初的“碰壁”之后，做出的实质性选择。可以说，白俄罗斯的地缘政治立场是明确的。首先，白俄罗斯坚决不想融入俄罗斯，因为那是步苏联解体的后尘。其次，虽然白俄罗斯有一部分民众想加入欧洲，但是，白俄罗斯国家并没有做好加入欧洲的准备，正如文中的论述，白俄罗斯加入欧洲之路是充满了波折和坎坷的。在实际的发展过程中，中立国家有着特殊的作用，白俄罗斯需要与周边国家保持友好关系，甚至成为一个在政治上较为中立的国家，这也许是对于白俄

① Шарапо А. В. Внешняя политика Республики Беларусь на современном этапе // журнал Веснік БГУ, 2006 г. №3. С. 15 – 22.

罗斯最为有利的位置。如果白俄罗斯与周边国家发生了冲突，做“单独的飞翼”或者加入“一方阵营”，这对今天的白俄罗斯而言都不是最好的选择。[①] 如果白俄罗斯在国际社会中过于独立，那么其下场和后果便是被孤立；如果白俄罗斯强行加入西方或者俄罗斯任何一方阵营，那么另一方将予以白俄罗斯猛烈的打击，无论是政治上，还是经济与外交领域。2011 年，白俄罗斯历史学教授波布科夫（Бобков В. А.）在其发表的《一体化中的白俄罗斯》中认为，20 世纪 90 年代俄罗斯与白俄罗斯的一体化，是“后苏联空间”一体化的标准示范。[②] 诚如文中所言，如果俄罗斯欲意找寻一个合作伙伴的话，白俄罗斯恐怕是其最佳的选择。无论从历史文化的根源上，还是从现状的发展趋势上，白俄罗斯作为曾经继承了苏联而现今又相对保持独立的情况下，是俄罗斯最佳的盟友。一方面，其他独联体国家，诸如波罗的海三国，它们几乎已经在苏联解体之后发生了极大的蜕变；另一方面，较为亲欧美的上述三国以及在东西方之间摇摆不定的乌克兰等，由于其政治立场，都不是俄罗斯选作盟友的最优选择。

2012 年，白俄罗斯国立大学国际关系学系历史学副教授卢萨

---

① Манаев О. В. В рамках или за пределами《большой Европы》//《Беларусь и большая Европа》, Новосибирск, 2007 г. С. 12.

② Бобков В. А. Беларусь в интеграционных проектах, Институт экономики НАН Беларуси, Минск, 2011 г. С. 58.

科维奇（Русакович А. В.）在《白俄罗斯—欧盟：伙伴关系的进步和退步》一文中提出，白俄罗斯20年的国家史是白俄罗斯在国际舞台上被正式承认的过程，也是白俄罗斯国家正式参与国际事务的过程。在过去的20年里，白俄罗斯逐渐形成了全面的外交机制、独立的意识形态和国家安全框架理论。他认为，白俄罗斯是欧盟安全战略的参与者，也是“后苏联空间”一体化进程和发展成员国家双边关系的积极参与者和支持者。[①] 正因为白俄罗斯保持了内政与外交的相对独立性，所以白俄罗斯成为欧盟和俄罗斯同时希望拉拢的重要战略伙伴。这得益于卢卡申科总统的威权主义政治体制的确立，既保证了白俄罗斯国内的稳定与经济稳步发展，同时也保障了白俄罗斯独立的外交形象。

2012年，白俄罗斯国立大学美国对外政治研究中心主任罗赞诺夫（Розанов А. А.）在《安全保障的东西方分支》一文中提到，白俄罗斯的国家安全和外交政策与俄罗斯的联系是最紧密的，在战略上是密不可分的。西方分析家把白俄罗斯视为俄罗斯联邦在西方的“延伸部分”，诸多事实表明这种看法是不正确的。白俄罗斯在保留其主权和独立自主方面展示了自己的决心，正在以自己

---

① Русакович А. В. Беларусь – Европейский Союз：достижения и противоречия партнерских отношений/Республика Беларусь между Востоком и Западом，2012 г. С. 13.

的方式逐渐获得国际方面的认同。[①]

2013 年，白俄罗斯维捷布斯克国立大学教授曼德里克（Мандрик И. В.）和经济学家兹洛特尼科夫（Злотников Л. К.）在共同发表的《白俄罗斯经济改革战略》中提出，白俄罗斯独立初期虽然改变了苏联时期的旧经济制度，但是保留了原有的经济管理模型。在新的经济制度中，私营经济应该成为主导经济，可现在的白俄罗斯私有经济不仅在关键经济领域中受到极大限制，而且仅占经济总量的 25%—30%，使国家经济一度陷入僵局。他们认为解决的方法是在发展市场经济的改革道路上，借鉴其他国家的成功经验。比如向邻国（波罗的海国家，波兰、捷克等东欧国家）借鉴市场经济发展的经验。[②] 可以说，曼德里克和兹洛特尼科夫作为专业的经济学家，虽然对于白俄罗斯独立以来的经济发展模式和趋势的分析是较为透彻和到位的，但是他们所提出的向白俄罗斯相邻国，诸如波罗的海国家，以及波兰、捷克等东欧国家经济领域借鉴的建议，却未必是可行的。因为这些国家在"脱俄近欧"之后，虽然获得了欧美在经济方面的大量援助，但是其国家的经济走势也受到了欧美国家严格的把控。可以说，这样的经济发展范例是不成功的，这些国家的经济

① Розанов А. А. Беларусь：восточный и западный векторы обеспечения безопасности/Республика Беларусь между Востоком и Западом，2012 г. С. 191.

② Мандрик И. В. Социальная политика в республике Беларусь в контексте мирового опыта/Вестник Полоцкого государственного университета. Серия А：Гуманитарные науки，2014 г. № 9. С. 97 – 101.

发展是不够独立自主的。所以说，白俄罗斯在已经摆脱了苏联时期经济发展模式的情况下，其独立自主地发展经济是国家政治独立发展的必由之路，如果还向上述所谓值得借鉴和学习的国家那样，受到欧美过多资金支持的牵绊，则反而助长了欧美国家掌控白俄罗斯经济命脉的气势，于国家自身的发展是百害无一利的。

2014 年，白俄罗斯政治家果金（Годин Ю. Ф.）在其发表的《1991—2014 年白俄罗斯对外政策》一文中提到，20 余年的白俄罗斯共和国走过了漫长曲折的道路，经历了国家成立、转型以及内部社会经济改革。在全球化背景下，白俄罗斯的对内和对外政策在早期阶段克服了西方（美国和欧盟）和俄罗斯、独联体、中东等诸多影响。可以说，这些剧烈变化影响着白俄罗斯国内的政治社会环境，进而影响了社会转型模式以及市场经济选择。白俄罗斯的地缘政治决定俄罗斯是其重要的战略伙伴。卢卡申科不同于其他独联体国家元首，在政治改革中将各种力量加以联合，他的改革以巩固和确保白俄罗斯人民的社会性特征为主要目的。不论是内政还是外交，白俄罗斯领导人都是真正为民族国家利益着想的。因此他获得的支持，来自于白俄罗斯人民，足够他应对西方——欧盟和美国妄言对他实行制裁，对白俄罗斯进行制裁。[①] 在政治家果金眼

① Годин Ю. Ф. Внешняя политика Республики Беларусь（1991 – 2014 гг.）/Россия и новые государства Евразии，2014 г. № 3，С. 23 – 25.

中，白俄罗斯在世界范围内是一个腹背受敌的国家，他认为对于白俄罗斯而言，唯一可靠的盟友为俄罗斯，这与上述其他白俄罗斯的研究者的部分意见是一致的。同时，果金非常认可白俄罗斯领导人的内政外交政策，认为代表了白俄罗斯的民意。可以说，果金是白俄罗斯政府领导人的忠实支持者。

2015 年，白俄罗斯政治学家、外交政策和安全专家费德罗夫（Фёдоров А. В.）在其发表的《外交政策问题循环》中表示，早在 1995 年白俄罗斯刚刚成立时，西方伙伴就充分肯定了白俄罗斯对所在地区和国际安全的贡献，以及对该区域平衡稳定的价值。[①] 当然，随着时间的推移，白俄罗斯和西方之间产生了许多矛盾，比如：1998 年的“鸫鸟官邸事件”[②]、2002 年白俄罗斯被挤出欧洲安全合作组织、卢卡申科和其他高级官员的个人资产被冻结[③]、扩大禁止进入欧洲国家的白俄罗斯当局政府人员的名单，以及开设针对白俄罗斯民众的广播电台等。这些政府和非政府行为，都限制了白俄罗斯和欧洲国家的关系发展。

2015 年，原俄联邦杜马第一副主席雷日科夫（Рыжков В. А.）在《关于叙利亚，普京的不满和卢卡申科不可能的选择》一文中

---

① Фёдоров А. В. К проблеме внешнеполитических циклов/Наше мнение. 14. 05. 2015 г.

② Нурани К. И. Вы слыхали как берут “Дрозды” /Зеркало. 26. 06. 1998 г.

③ “Евросоюз выделяет деньги на борьбу с режимом Лукашенко” – URL：http：//www. newsru. com/world/14mar2005/belorussia. html.

认为，卢卡申科的心情较为沉重，因为白俄罗斯的经济形势遭受着重大的危机。在过去的25年里，卢卡申科完全像“技艺高超的平衡舞蹈演员”在走钢丝，走在俄罗斯和西方两大中心阵营之间。白俄罗斯的危机是一方面为了达到解除制裁的目的，承诺西方释放政治犯、允许公开竞争大选、开放舆论自由、建立民主国家，然而，这些承诺直至现在没有付诸实践；另一方面卢卡申科现在无法直面普京，因为普京给他提出了不可能接受的选择——将在白俄罗斯建设空军基地。[①] 可以说，俄罗斯方面对于白俄罗斯的打击是十分沉重的，这不仅仅体现于政治、经济的制裁，还在于舆论方面对其强烈的批判。所以从某种意义上来讲，白俄罗斯面临着来自俄罗斯的强烈的舆论、政治以及经济方面的压力。

2015年，《公民意见》网络杂志主编科斯邱科娃（Костюгова В. А.）在其发表的《价值、利益、实用性》文章中提出一个这样的问题：苏联解体后在白俄罗斯已经发生了民主改革，现在西方政治中所谓的民主改革到底是改革还是另一场革命？贝科夫（Быков А. Н.）的《全球化背景下的后苏联空间现代化问题》中从全球化视角分析和研究“后苏联空间国家”在现代化过程中所遇到的诸多问题，并从这一视角展开对该地区国家面临的国际外因和社会内因的

① Рыжков В. А. О Сирии – обиде Путина и《невозможном выборе》Лукашенко/Наше мнение. 16. 10. 2015 г.

分析，其中涉及社会、经济、民族文化、外部力量等多方面因素。总体而言，苏联解体究竟对于白俄罗斯产生了什么样的影响？后苏联空间的形成、独联体的建立，是否能够取代或者弥补苏联解体给原苏联加盟共和国所带来的损失？这是学者、政治家都十分关注的话题。而科斯邱科娃将这类问题归到了“价值、利益与实用性”的范畴。简单来说，苏联解体与“后苏联空间”的建立，二者在价值、利益与实用性上存在的差异性，可被视为白俄罗斯在苏联解体前后遭受的损失或者获得的正向发展。因为学界有部分这样的观点或者讨论，即苏联究竟发展了各加盟共和国，还是限制了解体之后这些民族国家的发展？而“价值、利益与实用性”是其判断的一个重要依据。在《全球化背景下的后苏联空间现代化问题》这部作品中，则是将“后苏联空间”问题置于全球化的背景下加以讨论，并且提出了其现代化的论题。苏联时期各加盟共和国进行的工业化和农业集体化，是帝俄时期的农民、工人开始脱离旧有的传统习俗和工作模式，向更新、更先进的经济模式转变的过程。而在“后苏联空间”内，现代化问题是苏联解体之后被提上日程加以探讨的重要问题之一。因为从某种意义上说，苏联时期的现代化还是较为落后或者不够先进的，所以现代化的问题将作为苏联解体之后“后苏联空间”的范畴所探讨的话题之一，而白俄罗斯也自然在此之列。

2016 年，白俄罗斯分析中心主任拉夫多（Ровдо В. А.）在《卢卡申科提出的新国家安全有哪些新的意见?》一文中提到，在

90 年代中期，总统的决策发生了根本性的错误，至今没有得到改善。他的错误选择使白俄罗斯与俄罗斯在外交和防御政策中没有平等的制衡关系。巴巴扎诺夫（Бабаджанов А. Я.）的博士论文《原苏联地区国家政治军事合作：统筹结合民族问题》围绕北约和原苏联地区国家的区域安全理念分歧，引出了该地区国家为保障区域安全所进行的一系列战略合作。其中，谈到了白俄罗斯与俄罗斯及其他独联体国家的具体安全合作事项，通过合作的分歧从侧面反映了欧美意识形态思想对该地区的影响。

路琴科娃（Лученкова Е. С.）的专著《白俄罗斯的基础意识形态》从历史和民族、地缘、宗教的角度解读了白俄罗斯民众基础意识形态的来源。为深入了解白俄罗斯民众和国家提供了较为专业的人文视角，并且详细介绍了白俄罗斯的社会政治发展历史以及社会资产阶级的意识形态变化历史。关于白俄罗斯的宗教方面，该著作详细举例、深入阐释了宗教文化对白俄罗斯社会发展的激发作用。[①]

① Костюгова В. А. Ценно, интересно, целесообразно/Наше мнение. 04. 11. 2015 г. , Ровдо В. А. Что нового в предложениях А. Лукашенко, посвященных новой концепции национальной безопасности? /Наше мнение. 05. 10. 2015 г. , Быков А. Н. Постсоветское пространство. Стратегии интеграции и новые вызовы глобализации. Санкт – Петербур. 2009 г. , Бабаджанов А. Я. Военно – политическое сотрудничество постсоветских государств: проблема сочетаемости национальных подходов, МГИМО – Университет, 2011 г. , Лученкова Е. С. Основы идеологии белорусского государства, учеб. – метод. комплекс для студентов техн. и гум. спец. , 2009 г.

从以上的研究来看，关于白俄罗斯的专题性、专门性的研究相对较少，还存在着较大的研究空间。本书将紧跟时代脉搏，以找问题、抓关键的视角，对白俄罗斯国家现存的政治、经济、外交发展进行深入解读，在了解其现存问题的基础上，力求为该领域研究提供切实可用的基础材料。

（三）本书的主要内容

本书在方法上坚持以马克思历史唯物主义和辩证唯物主义为指导，以历史和实证研究方法为主、规范性研究方法为辅的基本方法，结合白俄罗斯的国家构建和政治发展实践，使用实证分析法、案例分析法、统计学分析法，以白俄罗斯政治、经济、外交发展为主线，从历史发展、政治转轨、经济改革与转型、宏观经济、微观经济、中白两国合作发展等方面对白俄罗斯的国家构建与社会发展进行分析与研究。

本书导论部分阐述了白俄罗斯国家构建与发展的背景与研究意义，并对国内外学界关于白俄罗斯相关问题的研究成果进行了综述，同时列举了部分该领域相关的、具有一定代表性的研究著述和主要观点。

第一章主要研究白俄罗斯的国家构建与初期的政治发展，重点研究了白俄罗斯政治体制的转型与重构，引申出总统与议会的权力之争。最终，总统卢卡申科获胜后，白俄罗斯国内威权主义政治逐渐固化。在总统长期的强势执政下，其国内的政党政治发展不断弱化，基本形成了“强总统、弱议会、小政府”的国家治理模式。

第二章主要研究白俄罗斯独立后的新经济体制形成与经济发展。白俄罗斯在独立之后，在经济上经历了总统与议会的道路之争，度过了经济剧烈动荡的危险期。在总统卢卡申科的指引下，私有化逐渐走弱，发展了优先的市场经济和自由贸易。逐渐形成了以公有制为主体的可控性市场经济，整体经济、社会发展趋于平稳。

第三章研究了白俄罗斯的对外发展。卢卡申科的获胜，使白俄罗斯与俄罗斯的关系变得更加密切。此外，其国内有限和可控的经济发展，以及对欧美国家的深度防范，也促使白俄罗斯政治社会发展一直处于平稳的状态，成功避免了因自身地缘因素的重要性，而沦为大国地缘博弈牺牲品的厄运。

结论部分在上述研究的基础上，分析了影响白俄罗斯今后发展的外部因素。近年来，白俄罗斯与西方国家的关系仍未缓和，与俄罗斯的关系也因克里米亚事件的分歧防范与隔阂不断加深。除与传统的原苏联地区国家保持紧密联系之外，与中国的合作也将变得更加密切，双方关系发展正在迈向更高层次，政治互信不断提升，在国际和地区问题上沟通协调更加频繁。

第一章　威权主义政体的确立与固化

第一节　白俄罗斯的发展概况

白俄罗斯从苏联继承了相对完善的经济体系，工业基础较好，机床加工、机械制造、冶金加工、IT技术及激光技术、农业和畜牧业也很发达。作为苏联时期的加盟共和国之一，白俄罗斯是"苏联经济统一体"的一分子，整个国民经济以计划为中心运行，经济发展的速度、结构、规模和程度受到苏联的整体性制约。[①] 在这种竞技模式下，各加盟共和国之间相互协调、帮扶而发展。当时，白俄罗斯的经济发展位居第四位，号称苏联的"总装备车

① 丁军、王承就等：《转型中的俄罗斯、乌克兰和白俄罗斯》，世界知识出版社，2010年版，第262页。

间”，其工业增长水平一直高于全苏联的平均水平，工业生产的从业人口高达 70% 以上，就当时的工业发展程度和整个国民经济发展水平而言，白俄罗斯基本上实现了工业化。它在苏联的整个经济体系中属于被“拉低”的行列。[①] 因此，在经过了最初的动荡期之后，较好的经济基础为白俄罗斯在政治、经济转轨后的国家平稳发展奠定了基础。

在政治上，白俄罗斯短暂地沿用了一段苏联后期实行的最高苏维埃制度，1994 年 3 月颁布的新宪法中设立了总统职务，为政治体制向西方转变提供了法律基础，但在白俄罗斯经济衰退、政府腐败的大背景下，向西发展的过程坎坷而缓慢。1994 年 7 月，卢卡申科以其“反贪斗士”形象赢得了总统大选。1996 年，白俄罗斯以全民公投的形式通过了扩大总统权力的宪法修正草案。因此，白俄罗斯虽确立了总统制，但由于总统被赋予了极大的权力，三权分立的政治制度的平衡性被大大削弱，白俄罗斯最终转变为集权型国家。由于白俄罗斯社会的“去苏联化”与“再苏联化”，其西化的政治体制又重归于昔日所谓的“苏联模式”，在 1996 年宪法修正案颁布后，欧美等西方国家公开拒绝承认白俄罗斯此次修宪的合法性。至此，其政治路线的民主化向西发展势头终成昙花一现。

---

① 丁军、王承就等：《转型中的俄罗斯、乌克兰和白俄罗斯》，世界知识出版社，2010 年版，第 262 页。

人们普遍认为，俄罗斯是苏联遗产的最大继承者。但从另一个角度来看，白俄罗斯对苏联的继承和发展似乎更多。白俄罗斯在西方伸出的橄榄枝下经历了一些摇摆与波动，而之后形成的集中管理型政治体制、公有制为主体的经济模式以及贫富差距低、平均性极强的社会经济状况无疑复制了“苏联模式”的实质精髓。与此同时，这种鲜明的政治社会特性，也使白俄罗斯难以接受所谓的“西方民主制度”。因此，与在东西方之间摇摆的乌克兰不同，白俄罗斯的政治社会发展似乎更加坚定、独立、自主且强势。在政治和社会制度上，如果我们深入研究白俄罗斯民族的文化特点，以及其所经历的转型，就很容易得出这样一个结论：白俄罗斯对于集中管理模式的政治道路选择，以及对公有制为主体的经济制度选择，既不是出于主动，也不是出于被动，而是其在苏联解体后历经探索之后，符合历史与现代发展规律与趋势的客观、理性的选择。

欧美政坛稍显失望的是，在苏联解体后“独联体”又诞生了，再次将俄罗斯、白俄罗斯、乌克兰、哈萨克斯坦、阿塞拜疆等原苏联加盟共和国从原来加盟的形式变为今天联盟的形式。虽然这样的组织结构比苏联时期松散，但是毕竟也是一种联盟形式，欧美政界依然没有击垮这片土地。作为一个跨欧亚的大陆，以俄罗斯为联盟的核心，白俄罗斯在短暂的东西摇摆之后，其国民心目中的苏联情结非但没有淡却，反而日渐攀升。

2004年，卢卡申科为巩固权力，无视欧美等西方国家的持续制裁和打压，再次发起全民公投修宪，将有关总统任期不得超过两届的限制从宪法中删除。这样，担任两届总统的卢卡申科在2006年得以再次参选，并以83%的高得票率获胜，连任第三个任期。这可能与其曾经是原苏联加盟共和国，曾经占据较为中心与主体的地位，并且继承了较为深刻的苏联政治文化密不可分。

2008年金融危机之后，为加强经济合作、抵御危机，白俄罗斯与俄罗斯和哈萨克斯坦三国元首共同签署了包括《关税同盟海关法典》在内的九个文件，共同建立了关税同盟。关税同盟正式运作以来，三个国家的“经济一体化”程度不断提高，在军事等一体化趋势上也在逐渐加强。排除了弱势的乌克兰，而拉拢中亚五国的“老大哥”哈萨克斯坦加入，是俄罗斯、白俄罗斯商议之下的联盟构建手笔。这既排除了东斯拉夫三个兄弟民族因过度紧凑而造成的难以抵御世界范围内其他国家的攻击，同时也加强了与中亚地区之间的经贸关系，可以说，这是继苏联之后，独联体国家内部一种新的集约、联盟形式。如此巧妙的安排既有力排除了外敌的干扰，同时又以“穿针引线”式的形式，将独联体中相对具有原苏联加盟国特色的，易于联合、形成联盟的国家组合成一体，为带动独联体国家整体的政治、经济、外交发展模式提出提纲挈领性的主要依据。

总体而言，“经济一体化”带动了政治、社会和军事安全等一体化发展。而其后的这些“一体化”又与“经济一体化”相辅相成，形成规模化、程式化的效应。虽然白俄罗斯推动的“俄白联盟”以失败告终，然而，这对于白俄罗斯来说并非坏事，俄白两国的联盟设想从政治体制和经济连带关系上是成立的，但是从民族文化和历史起源的角度来看，则难免有些片面。[①] 首先，鉴于俄白两国巨大的经济体量差异，白方必然面临着各种独立性边界消亡的问题，在联盟中的话语权和主导能力将不断减弱。其次，摒弃乌克兰的另外两个东斯拉夫兄弟国家进行联盟，可能使白俄罗斯民族失去“三足鼎立”的文化性制衡效果，其所面临的民族文化侵蚀风险骤然加剧。最后，对于斯拉夫文明的整体性传承而言，仅使俄白两国进行联盟，抛弃了文化同源的乌克兰也未必是真正有利的。因此，俄白两国的联盟未能成行，是具有深刻的历史文化根因的。此外，对俄罗斯某些对独联体国家的政策，作为兄弟盟国的白俄罗斯是不认同的。今天的独联体国家已经脱离了当时的加盟共和国的局面，独立建国；

① 比如苏联的持不同政见者、当代俄罗斯的新斯拉夫主义者、已故的俄罗斯思想家索尔仁尼琴曾在其政论集中提出，建立“俄—乌—白”三个东斯拉夫民族为主的民族联盟，而摒弃苏联时期的其他弱小民族，这样既保持了文化传承的根基，又剔除了核心资源的过度分散。所以，“俄白联盟”的构建没有成功，既有现实的政治、经济、军事等因素，同时，也是受历史文化性所制约的。正如部分史学专家认为，基辅罗斯（位于今天乌克兰基辅附近）是俄罗斯、白俄罗斯、乌克兰三个民族的历史起源，如果排除了乌克兰，那么俄罗斯和白俄罗斯的民族起源问题，从地缘视域来看，就已经行不通了。历史与现实，虽距离遥远，但不是从没存在过。所以尽管今天的乌克兰几乎已经四分五裂、分崩离析，但是，作为东斯拉夫民族起源的重要角色之一的说辞，是今天也不能抹去的。作为东斯拉夫民族的三个继承者，构建一种集传统历史文明与现代政治经济体系合而为一的联盟，也许比仅仅是俄罗斯与白俄罗斯之间构建的联盟，在文化意识形态、政治话语权上，更具有说服力。

作为同样受到过西方民主、自由思想洗礼过的白俄罗斯深知其中民族国家自主性的厉害关系。

2015 年，卢卡申科顺利实现了他的第五次总统连任。至今为止，白俄罗斯的政治体制仍维持着“强总统、弱议会、弱政党和弱反对派”的威权主义特征。这与卢卡申科的强势总统领导和连续的总统任期是密不可分的。虽然白俄罗斯连续多届任期没有进行总统人选更换，但在卢卡申科领导下，白俄罗斯的政治、经济、外交等领域进行了积极、有效的调整，国家的内外政策得到了长期的、整体性的规划。

从另一个角度来讲，卢卡申科连任总统的行为是白俄罗斯民众集体决议的结果，为白俄罗斯国内、国际秩序的稳定提供了有利的保障。而白俄罗斯人民做出如此选择，也是深刻吸取了苏联时期领导人过分频繁更替的教训。自 80 年代开始，几位年老的苏共领导人短暂地占据领导人的位置。1982 年 11 月，勃列日涅夫病逝。1984 年 2 月，继任仅一年多的安德罗波夫去世。1985 年 3 月，同样继任一年多的契尔年科也去世了。最后，选择了年轻的戈尔巴乔夫继任，但却成为苏联的最后一位领导人。其《改革与新思维》的出版，改变甚至断送了整个苏联的命运。这样的经验教训使旧日的苏联人民，特别是白俄罗斯人民深刻意识到，选择一个正确的领导人、政权的继承人的重要性。因此，绝大多数白俄罗斯人民做出了支持卢卡申科连任总统的选择，这在一定程度上避免了苏联后期领导人频繁更换问题的再次发生。

值得注意的是，在2014年以后，白俄罗斯因“克里米亚事件”与俄罗斯发生嫌隙，西方国家开始借机大肆挑拨。先借制裁俄罗斯之势，用经济手段顺带打压了白俄罗斯，使其经济剧烈动荡，被迫发行新货币。但不久后，又开始单方面拉拢白俄罗斯，主动提出对总统卢卡申科及白俄罗斯政府官员在欧洲的资本进行解冻。并且，欧洲银行又借着给白俄罗斯提供贷款的理由，要求白俄罗斯中央银行放松金融管制，开放对部分外资的进出流动渠道。根据俄罗斯的说法，欧洲的这一做法是准备在白俄罗斯复制“乌克兰模式”，是在为收买白俄罗斯的高级官员做各种制度上的铺垫。俄罗斯学者认为：“要知道白俄罗斯是个东欧小国，全国人口才约1000万，重要官员不到1万名，而核心官员不到100名。并且，总统卢卡申的治国理念具有强大的‘平均主义’和‘保障主义’倾向。而在西方资本和自由主义的侵蚀下，白俄罗斯的多数官员和有权力者在思想上出现了动摇。开始向往资本主义的物欲横流，憎恶因过度平均而显得‘刻薄寡恩’的卢卡申科。此外，白俄罗斯本国民众在较好的生活保障下生活久了，在西方的强大‘民主输出’舆论攻势下，也开始变得易被煽动和被蛊惑。”①

① 2020年8月底，笔者与在俄留学时的博导——国立莫斯科大学亚非学院的东方学教授库列绍娃（Наталья Сергеевна Кулешова）沟通了关于白俄罗斯总统大选后的政局动荡问题。其间，她提出了上述观点。

而从另一个角度分析，西方国家如此积极热衷于干涉原苏东地区国家，与俄罗斯进行对抗，是源于其对自身长期发展和保持领导地位的不自信。近年来西方经济的整体经济运行几乎呈现出一种无剩余的形态，所有新的投入都无法形成新的产出。西方国家内部与日俱增的社会不平等，无疑降低了其内部政治体制的合法性与社会凝聚力，从而引发了西方政治精英对国家今后发展的整体性焦虑与质疑。因此，2020 年 8 月 9 日白俄罗总统大选后，在西方国家的干预下，国内政局持续动荡，反对派煽动民众走上街头。8 月 17 日，总统卢卡申科被迫同意将通过新的宪法，并进行新一轮的总统选举和议会选举。目前，白俄罗斯共和国的政治风险激增，政治社会发展出现再次面临剧烈动荡的可能。

从历史唯物主义角度分析，西方国家在原苏东地区将所谓“政治民主化”作为西化、弱化和演化他国的工具，已经不是什么新闻。20 世纪末，苏东社会主义国家就卷入了西方设下的民主、自由、人权陷阱而分崩离析。冷战结束，国际上的意识形态斗争不但没有减弱，反而更加激烈。以美国为首的西方国家打着“民主、人权”等旗号，对外大肆输出民主、煽动街头政治、策动“颜色革命”，凭借对“民主、人权、自由”等话语的垄断，推行双重标准，肆意打压与其政治制度不同，以及对其不听命、不顺从的国家，甚至不惜动用武力颠覆这些国家的政权。客观上引发了民族分裂不断、宗教种族冲突时起，国际社会严重分裂，世界政治良性发展进程严重受阻，国际政治生态急剧恶化。俄罗斯学者称之为“炸弹下的民主”。因此，较之“东方—西方”“北方—南方”“发达经济体—发展中国家”的差异，所谓的“民主国家与非民主国家”与“西方自由世界与非西方世界”之间的对立色彩更加鲜明。其背后是更加深刻的制度和道路之争，以及传统地缘政治之争。

欧亚地区是中国对外发展的重点区域，加强该区域的国别研究对中国当前的对外发展具有相当重要的战略意义。对欧亚地区较为核心、重要的白俄罗斯深入了解、加强与其战略合作，有着极为重要的战略意义和地缘意义。

第二节　独立之初的政治体制转型与重构

1990 年 7 月，白俄罗斯最高苏维埃机构作为共和国最高权力机关通过了白俄罗斯脱离苏联独立的主权宣言。① 值得注意的是，当时的苏联尚未正式宣布解体，只是在国家的统治高层内

① “Декларация Верховного Совета Республики Беларусь от 27 июля 1990 г. №193 – XII О государственном суверенитете Республики Беларусь ”, http：//pravo. kulichki. com/zak2007/bz63/dcm63406. htm.

部出现了不同的意见分歧。从民族感情的层面来讲，白俄罗斯人民是不愿意看到苏联解体的，尽管他们对于苏联模式、政体、国家经济领域各行业之间的配比等诸多方面的诟病有诸多不满。

1990年底，白俄罗斯最高苏维埃在完成一系列宣布独立的法律程序之后，举行了新一届选举。根据当时的法律规定，白俄罗斯实行多党制为基础的最高苏维埃制度。最高苏维埃作为最高权力机关共有310个席位，其中有260个席位的候选人需要由共产党推举，剩余50个席位的候选人需要由除共产党外的其他社会团体组织推举。[①] 最后，按多数制原则选出。在选举中白俄罗斯共产党严格控制着竞选产生的席位数量，导致多党制从一开始就在白俄罗斯这片土地上处于劣势地位，为之后白俄罗斯国内政党政治的发展留下隐患。从根源来讲，可以说是带有苏联早期的做法。十月革命后，当时全国有大大小小一百多个政党。有的已经注册，有的并不在册。但是，它们仍然活跃于当时的社会环境之下。列宁提出："发展多党制民主，听取多方面意见，但一切权力归苏维埃。"[②] 这在客观上，就已经限制了其他政党参与政治的空间与权限。

---

① Курьянович А. В., Выборы в высшие законодательные и представительные органы власти союзных республик в период《перестройки》: особенности, противоречия, итоги (на примере избирательной кампании в Верховный Совет Белорусской ССР XII созыва 1990 г.), *Сторінки Історії*, №36 (2013).

② 《列宁全集》(29卷)，第161、191页。

而这一口号真正实施是在布尔什维克逐步取得了政权主导权之后。

此次白俄罗斯最高苏维埃的选举中最大的亲西方民主社团组织"白俄罗斯人民阵线"（Белорусский Народный Фронт）获得了 50 个由社会组织推举席位中的 40 个。[①] 出生于 1934 年，1969 年起在国立明斯克大学任教，当过物理教研室主任、副校长，1989 年又当选为人民代表的舒什克维奇（Шушкевич Станислав Станиславович）当选为最高苏维埃主席，成为白俄罗斯的国家元首。

由此可见，虽然在独立之后白俄罗斯重新进行了最高权力机关的选举，但是由于供其他党派竞争的席位过少（仅占总席位数的不到六分之一），导致其独立后的政治体制和政治生态并没有发生根本性的转变，为其后来的集中管理型政治发展埋下了伏笔。另外，从"人民阵线"能够获得 50 个开放竞争席位中的 40 个可以看出，当时白俄罗斯国内的亲西方力量在政治领域是有很强的活动力的。

1991 年 3 月，白俄罗斯最高苏维埃决定就"是否作为加盟国继续保留在苏联"举行了全民公投。结果，全国有 80.3% 的公民赞成白俄罗斯继续留在苏联。[②] 其根本原因在于，白俄罗斯民众对

---

① Курьянович А. В.，Выборы в высшие законодательные и представительные органы власти союзных республик в период《перестройки》：особенности，противоречия，итоги（на примере избирательной кампании в Верховный Совет Белорусской ССР XII созыва 1990 г.），*Сторінки сторії*，№36（2013）.

② "Об итогах референдума СССР，состоявшегося 17 марта 1991 года（Из сообщения Центральной комиссии референдума СССР），"*Известия*. 27. 03. 1991 г.

苏联有着特殊的情感。从民族文化角度分析，白俄罗斯族与苏联的主体民族俄罗斯族同为东斯拉夫民族，并且在语言、风俗习惯等多方面都具有深刻的历史文化联系。此外，与俄罗斯族和乌克兰族之间的关系不同，白俄罗斯族与俄罗斯族在历史上的关系较为融洽。由于独立之后的白俄罗斯没有在大国博弈的地缘政治夹击之中倒向西方，因此俄白两国的融洽关系至今仍得以维系。

1991 年 5 月，白俄罗斯最高苏维埃在“无视公投民意”的基础上直接宣布独立，称白俄罗斯为“独立自主的主权国家”，并且规定在白俄罗斯境内，本国的宪法和法律的效力高于苏联的宪法和法律。

1991 年 8 月 25 日，白俄罗斯最高苏维埃以 253 票的高票表决通过了将《白俄罗斯主权宣言》上升到宪法地位的决议。此外，还通过了关于保障政治、经济稳定的行政令，以及禁止白俄罗斯共产党（Коммунистическая партия Белоруссии）在白俄罗斯境内进行一切活动，正式在宪法中确认脱离苏联。当时的白俄罗斯共产党不仅失去了对国家权力的垄断，其全部党产也被收归国有。[①] 同年 9 月，白俄罗斯社会主义共和国（Белорусская Советская Социали- стическая Республика）更名为白俄罗斯共和国

① “Провозглашение независимости Белорусской ССР 25 августа 1991г. ” – URL: https: //ria. ru/spravka/20110825/418384821. html.

（Республика Бел-арусь），更换了新的国徽和国旗，将通过主权宣言的7月27日定为法定“国家独立日”[①]。此后，白俄罗斯短暂地沿用了苏联后期实行的最高苏维埃制度，出现了向西方多党议会民主制转变的短暂政治倾向，确立了以最高苏维埃为权力核心的三权分立体系。[②]

1991年正式独立后，白俄罗斯最高苏维埃主席舒什克维奇主张在政治上继续实行“最高苏维埃制度”，在经济上实行自由市场经济政策，在外交上奉行独立自主的外交路线。国家领导层对苏联模式的社会主义制度暂时丧失了信心，准备向西方的多党议会制进行过渡。因此，在这一时期，白俄罗斯在制度上确立了立法、司法、行政三权分立的原则，以及国家政权机关和管理机关机构的非党化。[③]

但值得注意的是，白俄罗斯在独立之后没有立刻颁布具有现代民主政治意义的新宪法，导致其所确立的“多党制”失去了实质上的意义。因此，没能从根本上改变国家的实际权力结构和运作方式，为之后国家政治中的“弱政党”特征埋下了根源。根据其所沿

① 根据1996年的全民公投，白俄罗斯又将独立日改为7月3日。1944年的7月3日，苏联红军将明斯克从德国占领下解放。

② “Конституция Республики Беларусь от 1994 г.” – URL：http：//www. rec. gov. by/sites/default/files/pdf/constitution. pdf/.

③ Роман В. Т.，Россия и СНГ：Проблемы и перспективы интеграционного развития，диссертация кандидата политических наук，*Российский Академия Государственной Службы при Президента Российской Федерации*，1996 г.

用的苏联时期的《白俄罗斯共和国宪法》中的规定，最高苏维埃是国家最高权力机关，在立法、行政和司法方面依然具有超然的地位，没有任何其他国家机关可以对其形成实质性的权力制约。

可见，苏联虽然解体，并且白俄罗斯在此之前，已经率先宣布独立，但是由于受到较深刻的苏联时期政治模式的影响，即使独立之后（特别是独立之初的一个阶段内），它几乎还“生活”在苏联的政治模式之下。而事实上，经历了一番亲西方的跟风似的所谓“政治变革”之后，白俄罗斯还是最终回归到以前，只是以威权主义政治的名称，替代了苏联模式集权主义的本质。

根据宪法的规定，白俄罗斯最高苏维埃有权发起共和国内的全民公投；通过和修改宪法及法律；任命最高苏维埃和地方议会代表的定期选举；发起总统选举；发起宪法法院院长、最高法院院长、总检察长、国家银行行长的选举；确定白俄罗斯共和国内部和外部政策的主要方向；批准预算；大赦决定；宣战等。

最高苏维埃的主席团是常设机构，在最高苏维埃闭会期间行使最高国家权力机关的职权。主席团主席是国家实际元首，由最高苏维埃选举产生。此外，虽然规定了国内司法权由国家最高法院独立行使，所有法官均通过选举产生但是还规定了审判员和人民陪审员要向选民或者选举审判人员所属的“苏维埃”报告工作，客观上仍然受到最高苏维埃的干预和监管。因此，可以说“最高苏维埃”领导下的各级“苏维埃”仍然是白俄罗斯领导集团的核心。

在行政方面，虽然规定了部长会议是最高行政机构，负责国家的各项管理工作，协调并指导各部门及其所属机关的工作。但是部长会议的产生却需要由最高苏维埃任命，客观上仍受最高苏维埃的影响。

由此可见，独立之初白俄罗斯在颁布新宪法前，最高苏维埃仍然是最高权力的掌控者，其政治制度和权力配置方面的法律条款大部分都因袭了苏联时期的旧规定，而导致独立之后的白俄罗斯未能完成核心权力构架的民主化转型，基础权力结构也没有发生根本性的转变。虽然白俄罗斯还是根据新的政治需要对原有的政治系统进行了调整，例如组建了国防部、国家海关委员会、监察局、边防总队等，但是这些机构都不是权力结构部门，也不能具有最高权力的倾向性所以这些新组建的机构，有着表面化、形式化的存在。从其基本脱离“苏维埃”而独立成为机构的形式来看，白俄罗斯较苏联时期，还是在民主化上取得了一定的进步，并且具有“本土化”性质，并没有受到西方政治势力过多的影响。

白俄罗斯在独立之后为稳定国内的政治体制，颁布一部新宪法势在必行。其实早在白俄罗斯最高苏维埃通过主权宣言之前，制定新宪法就已经被提上议程。1990 年 6 月 22 日，白俄罗斯最高苏维埃通过了组建宪法委员会的决定。随后宪法委员会分成两个工作组，分别起草宪法草案，然后经过共同商议形成了一份宪法草案，并提交给最高苏维埃。然而新宪法的制定过程并不是十分顺利，争议不断，议题基本都是围绕着白俄罗斯将选择总统制还是议会制展开。这一争议旷日持久，直至1993年5—6月期间，白俄罗斯最高苏维埃才通过投票最终决定设立总统职位。[①]

1994年3月15日，白俄罗斯颁布了独立之后的第一部宪法《白俄罗斯共和国宪法》。该宪法共有8个章节、149条，基本上是参照西方议会制的宪政模式制定的。

根据这部宪法的规定，白俄罗斯实行以最高苏维埃为权力核心的一院制政体。另外，该宪法中虽然设立了总统职位，但为了避免总统权力过大，在宪法中对其进行了较为严格的限制。

1994年宪法中明确规定，最高苏维埃为国家最高权力机关、唯一立法机关，总统无权解散最高苏维埃。此外，总统在行使关键行政权力时，还必须首先征得最高苏维埃的同意。例如：总统在征得最高苏维埃同意后，才有权提名或经议会批准任命宪法法院院长、最高法院院长、最高经济法院院长、总检察长、国家银行行长。总统任期为五年，同一人担任总统不得超过两届。[②] 此外，最高苏维埃还有权在总统违反宪法和法律的情况下，对其进行弹劾。

值得注意的是，由于白俄罗斯最高苏维埃在现代性宪法的立法方面存在着严重的经验不足，导致在1994年宪法中出现了对总统

---

① “Беларусь. Совершеннолетие. Год 1993 – й” – URL: https://gazetaby.com/cont/art.php? sn_nid=20604.

② 1995年，白俄罗斯在1994年宪法基础上又通过了内阁法，赋予内阁在实施国家治理方面的行政权力。此后，内阁在一定程度上可作为拥有独立全权的非隶属总统的机构。

权力限制的法律漏洞，即总统有权通过发起“全民公投”来解散最高苏维埃。这一权力限制漏洞，为之后总统卢卡申科在与最高苏维埃的权力争夺中“获胜”提供了宪法性基础。

根据1994年宪法的规定，国家最重要的政治问题可以通过“全民公投”决定，其中包括颁布和修改宪法、解散最高苏维埃、解除总统职务等。如果由最高苏维埃发起全民公投，需要收集70名以上最高苏维埃代表的签名或者45万以上选民的签名。而这一要求同样也适用于总统。当时，白俄罗斯最高苏维埃认为，绝大多数代表都是代表最高苏维埃利益的，不可能赞同总统提出的发起全民公投的议案，并且收集45万名选民的签名根本就是“天方夜谭”。

此处需要提及的是，白俄罗斯1994年宪法是否已经确立了总统制，在学界一直存在争议。多数学者认为，1994年宪法只是提出了设立总统职位，并未对总统的法律地位、具体职能等做出较为全面的规定，也没有明确规定总统与其他国家权力机关的具体关系，[①] 所以只是为之后的总统制发展奠定了初步基础。[②] 国内学者刘向文认为，“白俄罗斯共和国的总统制，不是美国的总统制。它和美国式总统制的区别主要表现为：总统为国家元首，不兼任

---

① Юзеф Тымановски, Республика Беларусь между Востоком и Западом Факультет журналистики и политических наук Варшавского университета, 2012г. С. 131.

② Мандрик И. В. Социальная политика в Республике Беларусь в контексте мирового опыта, Вестник Полоцкого государственного университета. Серия А：Гуманитарные науки. 2014 г. № 9.

内阁首脑，但‘领导整个执行权力机关’，向议会‘通报内阁活动纲领的内容’等；议会拥有按照法定程序达到提前解除违反宪法和法律的内阁成员职务的手段。”①

在新宪法通过后，白俄罗斯最高苏维埃决定于同年 6 月举行总统选举。根据当时的宪法规定，胜选的标准为候选人得票率超过 50%。如果第一轮没有候选人胜选，则需要在得票最多的两个候选人中进行第二轮投票。

当时，总统候选人须由不少于 70 名的最高苏维埃代表或由不少于 10 万选民签名提出。共有六位候选人参加这次总统竞选，分别为农业党主席杜博克（Александр Дубко）、前总理克比奇（Вячеслав Кебич）、共和国院议员卢卡申科（Александр Лукашенко）、“共产党人”党书记诺维科夫（Василий Новиков）、“白俄罗斯人民阵线”领袖波兹雅克（Зенон Позняк），以及第一任最高苏维埃主席团主席舒什科维奇（Станислав Шушкевич）。

第一轮投票后，卢卡申科获得了 44.82% 的选票，克比奇获得了 17.33% 的选票，波兹雅克和舒什科维奇分别获得 12.82% 和 10% 选票，而杜博克和诺维科夫得票率分别为 6% 和 5%。由于所有候选人均未达到法定的超过 50% 的得票率，白俄罗斯又进行了

---

① 刘向文：《试谈白俄罗斯共和国的总统制》，《俄罗斯东欧中亚研究》，1995 年第 4 期。

第二轮投票，竞争者是卢卡申科和克比奇。在竞选中，卢卡申科承诺要挽救崩溃中的白俄罗斯经济，禁止毒品，打击贪污腐败。在政治上，他主张白俄罗斯走独立的国家路线，反对全面消除苏联印记[①]；在经济上，他虽然也认为应该坚持社会主义市场，但主张国有制企业应该由国家控股（即股权不少于51%），实行有限的经济市场化[②]。另一位竞选人克比奇主张白俄罗斯应与俄罗斯等原苏联国家进行联盟，甚至认为“苏联不该解体”。[③] 客观来讲，在经济上白俄罗斯确实需要向西方学习，加速国内市场化改革。白俄罗斯当时的经济问题源于经济改革的不彻底。[④] 实际上除了经济方面之外，他的主张与卢卡申科的区别并不大。2011 年，卢卡申科在庆祝克比奇 75 岁生日时曾说道：我们的政治理念在大的方面没有任何区别，他应当作为白俄罗斯的副总统帮助管理议会。[⑤]

---

① 由此可以看出，卢卡申科的“苏联情结”。在总统竞选的过程中，他始终强调与绝对的“去苏联化”对立或不支持。

② “Александр Лукашенко：биография”，https：//24smi. org/celebrity/692 – aleksandr – lukashenko. html.

③ 注释：事实上，克比奇的说辞并没有卢卡申科更具有说服力。因为一方面，苏联解体已经成为既成事实，再去回顾、反复提及，甚至期望苏联的“复苏”、还原已经遥不可及，这样的选举“誓言”无疑是在对于经历过苏联时期的人民“揭伤疤”。所以“苏联不应该解体”的说法，并不符合事物发展的客观规律，也没有站在历史唯物主义的立场加以分析。从另一个角度说，“苏联不该解体”的观点，正如一记“马后炮”。从上述两个角度分析，卢卡申科对于白俄罗斯人民心目中的“苏联情结”的了解和把握更胜一筹，他较之克比奇“苏联本不该解体”的言论更加务实。

④ “Когда человек долго находится во власти，его перестают любить”，https：//news. tut. by/politics/395322. html.

⑤ “Лукашенко – Кебичу：Вы знаете цену слову”，http：//www. belaruspartisan. org/politic/184013/.

第二轮投票的结果是，时年四十岁的卢卡申科以 80% 的高得票率胜出，当选为白俄罗斯第一任总统，任期两年。卢卡申科当选总统后，西方社会反应强烈，认为他要继续搞社会主义和中央集权专制，违背全球化的普遍发展方向。甚至部分西方媒体公开批评，认为这是白俄罗斯国家民主进程的“巨大倒退”，欧洲民主在这片土地上发展的希望会彻底断绝。此外，美国和欧盟决定不承认白俄罗斯此次选举的结果，甚至认为选举结果被篡改，是明显缺乏公平性的。[①]

第三节　总统与议会的权力之争

独立之初，鉴于苏联的轰然垮塌，白俄罗斯绝大多数的最高苏维埃代表都对社会主义的政治和经济制度失去了信心。因此，当时的白俄罗斯最高苏维埃主张向西方学习，认为应该在国内大力推行彻底的政治民主化改革和经济私有化、去国有化改革。[②]

1991 年，白俄罗斯最高苏维埃通过立法，在政治上放开了国

① “Мифы и реальность демократии”, https：//www. sb. by/articles/mify – i – realnost – demokratii – 2. html.

② О. В. Пролесковский， Т. И. Адуло， В. Ф. Байнев， Н. Е. Захарова，/І. Е. Криштапович， В. А. Лазутка， А. А. Филип， Белорусский Путь， *Мастацкая літаратура*， 2012. С. 559.

内的政党注册，开始发展多党制。在经济上开展去国有化进程，开始发展私有制经济。然而在卢卡申科当选总统以后，其执政理念与最高苏维埃之间产生了严重的分歧，并且不断扩大。他认为，此前进行的西式民主化改革导致了国内政治投机主义蔓延，社会分配不合理加剧，国家权力系统出现整体性腐败倾向①；而大规模的经济去国有化和私有化改革导致了国家整体性的经济崩坏，使国内民众失去了最基本的经济生活保障。

鉴于在政治和经济领域存在着诸多根本性的冲突，总统卢卡申科和最高苏维埃之间展开了激烈的权力争夺。

客观来讲，这与1994年白俄罗斯宪法中对总体权力的规定过于模糊有关。由于宪法并没有强调最高苏维埃与总统的明确权力边界，总统卢卡申科利用宪法中规定的疏漏，来与最高苏维埃进行国家权力的争夺。

例如，在1994年宪法中规定，总统是最高行政权人，白俄罗斯共和国的一切行政部门都应该由总统领导。但是，宪法中将最高苏维埃又定义为一个地位高于一切部门的“超级权力机关”。因此，宪法中对总统和最高苏维埃权力的不明确界定这一疏漏，客观上导致了他们之间的权力斗争。此外，宪法中白俄罗斯最高委

① О. В. Пролесковский， Т. И. Адуло， В. Ф. Байнев， Н. Е. Захарова，/І. Е. Криштапович， В. А. Лазутка， А. А. Филип， Белорусский Путь， *Мастацкая літаратура*， 2012. *С.* 559.

员会的权力明显凌驾于司法和行政权力之上，不仅能够中止这两个权力的实施进程，禁止这两个权力的获得，甚至还可以自行决定这两个权力的组织构架和存在形式。同时，这种权力还对国内存在的一切机构和其他组织具有同样的效力，在立法上还拥有对宪法和法律进行任何形式修改的权利。客观来讲，白俄罗斯 1994 年的宪法中的权力构架设置，与西方自由、平等的思想完全相背离，与民主国家政治体制的基本原则相矛盾。①

1995 年，总统卢卡申科与最高苏维埃之间的权力争夺中掌握着国家安全机关的卢卡申科稍占上风。

1995 年 2 月，卢卡申科宣布打算举行公民投票，称准备暂停“最高苏维埃”这一最高立法机构的活动。

根据当时的宪法规定，全民公投有两种启动方式，一种是由最高苏维埃提出，另一种是由总统来提出。如果是最高苏维埃提出，则需要获得 70 名以上议员签名支持；如果是总统提出，则需要征集 45 万名以上的选民签名支持。总统卢卡申科在征集到了足够签名之后，提出了全民公投的要求，并提出了要进行公投的具体问题，包括以下四个方面：（1）给予俄语国家语言的地位；（2）将“白红白”三色相间的国家旗帜改为“绿红绿”；（3）支持总统所

① “Конституция Республики Беларусь от 1994 г.” – URL：http：//www.rec.gov.by/sites/default/files/pdf/constitution.pdf/.

提出的“俄白经济融合行动”；（4）在严重违反宪法的情况下，授权总统提前终止最高苏维埃的权力。此外，还规定前三个问题为强制性公投投票，第四个问题则是具有建议性质的，选民可以根据意愿来选择是否回答。①

总统卢卡申科的这一提议，最开始遭到了最高苏维埃和亲西方势力的极力反对。然则，4 月 11 日，多数最高苏维埃代表出乎意料地“同意”了发起全民公投，并将公投的日期设置在 1995 年 5 月 14 日，却一致反对将第四个问题也进行公投。

4 月 12 日，以波兹雅克和奥列格特鲁索夫为首的反对派领导开始在参议院绝食抗议，反对将第四个问题列入此次公投，随后被防暴人员和安保人员强行驱逐了出去。此后，有部分代表声称他们的撤离伴随着殴打，受到了人身伤害。卢卡申科总统则称是出于安全原因下令安保人员协助代表们撤离。②

5 月 12 日，“白俄罗斯人民阵线”发表了公开演讲，呼吁人们采取全民公投的形式反对总统卢卡申科。

1995 年 5 月，最高苏维埃通过了设立第二立法机构（Второй законодательный орган）的议案，目的是要通过该机构审议总统

---

① Міхаіл Пастухоў. Ці законны рэфэрэндум 1995 году адносна наданьня дзяржаўнага статусу расейскай мове? //Аняменне. З кронікі знішчэння беларускай мовы. — Вільня：Gudas，2000.

② Лявон Борщевский，депутат Верховного Совета 12 - го созыва —《Кровавая ночь》2000 г.

令等规范性文件，从而限制总统的权力。本质上，这一机构的设立是为最高苏维埃所提出的“宪法改革”做必要的制度铺垫。

1995 年 7 月，卢卡申科提出的延长任期的要求遭到最高苏维埃的拒绝。别无选择的卢卡申科决定采取修改宪法的措施加强总统的权力，限制最高苏维埃的权力。因此，他正式向宪法法院提出修改宪法法案。总统卢卡申科指出，需要改革国家现有的权力体系，终止最高苏维埃的活动和权力，将最高苏维埃拆分成两院并进行重组。此外，还需要将总统置于权力的首要位置。① 与此同时，最高苏维埃中的农业党和共产党于 1996 年 8 月也提出了针对性的宪法修正案。根据它们提交的宪法修正案，白俄罗斯将确立最高苏维埃是唯一的立法机关和最高行政机关。此外，不仅要在宪法中削弱总统的权力，而且还要取消总统这一职务的设置。②

同年 11 月，宪法法院裁定驳回卢卡申科所提出的修宪建议。在宪法法院看来，卢卡申科所提出的宪法修正案从根本上改变了国家的权力机构，等于改变了国家的政治制度，并认定其所提出的“宪法修正案”并不是修正案，而是全新的“宪法”。而如果是提出新宪法，则需要最高苏维埃的同意，或者进行全民公投。

① “Конституция республики беларусь” – URL：http：//www. pravo. by/pravovaya – informatsiya/normativnye – dokumenty/konstitutsiya – respubliki – belarus/.

② “Новейшая история：референдум в Беларуси 1996 г. – Между бездарным Шарецким и готовым на все Лукашенко” – URL：https：//nn. by/？ c = ar&i = 160651&lang = ru.

客观上讲，总统与议会的权力争夺是较为激烈的。但在这些争夺之中，离不开人民的支持。当时的白俄罗斯最高苏维埃已经全盘否弃了共产主义的“为民思想”，以及计划经济的社会保障优先路线，一味地推崇“休克疗法”，发展以牺牲民众财产和生活保障的，以私有制为基础的西式经济体制。在经历了一番“西化”政治浪潮，饱受经济社会巨变之苦后，白俄罗斯人民选择了总统卢卡申科提议的保障人民生产生活的集中管理模式。最终，白俄罗斯在1996年通过了扩大总统权力的《宪法修正案》，宣告了以卢卡申科为首的总统势力在这场权力争夺中胜出。同时，这也标志着总统制在白俄罗斯的正式确立。

在这种情况下，卢卡申科决定彻底结束这种无休止的权力争夺，准备发起全民公投，即通过“扩大总统权力”的宪法修正案。

1996年5月14日，白俄罗斯就卢卡申科提出的扩大总统权力的宪法修正案与农业党和“共产党人”党提出的扩大议会权力的宪法修正案进行了全民公投。根据白俄罗斯全民公投委员会给出的官方数据显示，84.05%的选民参加了投票。

此次，全民公投的结果①如下：（1）83.3%的参与者赞成给予俄语官方地位；（2）83.3%的参与者同意与俄罗斯进行经济一体化；（3）70.45%的参与者赞成卢卡申科提出的扩大总统权力的宪

① ЦИК РБ：Республиканский референдум 14 мая 1995 года.

法修正案；(4) 9.93%的参与者赞成农业党和“共产党人”党提出的扩大最高苏维埃权力的宪法修正案；(5) 77.7%的参与者同意在最高苏维埃严重违反宪法的情况下，授予总统解散最高苏维埃的权利；(6) 88.18%的参与者同意将白俄罗斯国庆日改为7月3日；(7) 75.1%的参与者同意更换国旗；(8) 15.35%的参与者同意自由买卖土地；(9) 17.93%的参与者同意取消死刑；(10) 28.14%的参与者同意地方机关行政首脑直接由地方行政区选出；(11) 32.18%的参与者同意地方行政开支只能由中央财政拨款。

最终，卢卡申科借助此次全民公投成功扩大了总统权力，使其在与最高苏维埃的权力斗争中成功获胜。总统卢卡申科此次在全民公投中的胜利加大了他对自身支持率的自信，也促使其选择以全民公投为手段，在1996年与最高苏维埃进行权力最后的争夺。当然，这也使最高苏维埃对自身的权力和权威感到了巨大危机，由此开始进行疯狂反扑。

修正后的宪法规定，总统被赋予了极大的权力。总统有权决定发起全民公投，决定共和国院、众议院和地方代表机构的选举，在宪法认定程序下解散众议院，担任白俄罗斯共和国武装部队总司令、任命和解除武装部长最高指挥人员的职务，任命六名中央选举和共和国全民公投委员会的成员，组成、撤销和改组白俄罗斯共和国总统办公厅，任命共和国总理，主持政府会议、取消政府法令，赦免被判有罪之人以及对地方管理和自治机构实行监督。①

客观来讲，卢卡申科顺利修宪的主要原因，有这么几个方面。第一，白俄罗斯人民经历了苏联解体的阵痛之后，对于国家、民族未来的发展方向，变得既关心、又慎重。第二，苏联解体之前，就已经涌入这片土地的西化思潮缓释了集权模式的政治体制，又给予西方国家进一步渗透独联体国家的政治体制埋下了伏笔。第三，鉴于西方国家在独联体强势推行其所谓的“民主化”政体，产生了两个结果。一是，一部分本身就较为接近西方的国家“全盘”接受了这一政治“传销”模式，形成这样的结果有着其深厚的历史文化和民族传统的原因。部分独联体国家，如波罗的海三国，与欧洲临近，且广泛使用英语，其自身就具有“欧化”的潜质。二是，西方民主思维模式对于集权体制国家的“侵犯”，虽然西方本意是想击垮这些集权制国家，但是西方所谓民主的政治思维模式，难以侵入原苏联地区或者独联体国家中较好传承了苏联政治文化的国家，包括俄罗斯和白俄罗斯。欧美国家意识形态的侵入反而激发了白俄罗斯民众对于国家体制的谨慎思考，甚至在苏联解体之后激起了这些国民“回归苏联”的社会思潮的反弹。这样的意识形态侵入的后果，是欧美国家没有预想到的。从一定程度上来讲，正是由于当时欧美所谓

① “Конституция республики беларусь” – URL：http：//www. pravo. by/pravovaya – informatsiya/normativnye – dokumenty/konstitutsiya – respubliki – belarus/.

民主的、西方的政治体制模式的强迫灌输式的侵入，激起了白俄罗斯民众的反感，才推动支持卢卡申科修改宪法、连任总统的做法。假如没有欧美势力对于白俄罗斯内政的强势涉足，恐怕卢卡申科单方面主张总统的权力扩大将远非这般顺利。

第四节　威权主义政治的固化

1996 年 11 月 24 日，卢卡申科提出的宪法修正案在全民公投中得到通过，共 9 章 146 条，在内容上极大地加强了总统权力，标志着白俄罗斯国家制度建设进入威权主义阶段。[①] 该宪法修正案赋予了总统极大的权力。具体来讲，1996 年宪法修正案对白俄罗斯的政治体系做出了以下调整。

第一，中止最高苏维埃的一切活动，同时重新组建两院制议会。新的议会名称为“国民会议”（Национальное Собрание РБ），由共和国院（Совета Республики）和代表院（Палаты Представителей）组成，任期四年。

① 张弘：《白俄罗斯的政治转轨——市场改革与民主化的博弈》，《俄罗斯中亚东欧研究》，2012 年第 5 期。

代表院（下院）有110名议员，凡年满22岁具有选举权的白俄罗斯公民均可成为代表院议员。政党和社会团体有权推荐候选人，普通公民也可以自荐为候选人。代表院议员选举按选区原则分配名额，将全国分成110个选区，选举采用简单多数制，各选区票数最多者获胜。代表院的议员可以是政府官员，但不能同时是共和院或地方议会的议员。

代表院的权力有：根据总统或不少于15万选民倡议，审议宪法修正案，解释关于宪法的法律草案；决定总统选举；接受总统的辞职；众议院全体成员的多数可以提出对总统叛国或犯有重罪的诉讼，根据共和国院的决定，以及不少于三分之二的共和国院议员全体成员的多数，可以通过罢免总统职务的决定；同意总统对总理的任命；批准或否决听取总理的政府工作纲领；两次否决纲领即表示不信任政府；审议法律草案；批准国内和对外政策的基本方针；批准和废止国际条约；批准国家预算；确定共和国税收和所有制关系；协调劳动和就业的原则；宣战和缔结和平条约；确定战争状态和非常状态的法律制度。①

共和国院（上院）共有64名议员，凡年满22岁具有选举权，且在境内居住不少于五年的白俄罗斯公民均可成为众议院议员。共和国院主要由地区代表组成，其中56名由全国六州一市（明斯

① “Конституция республики беларусь” – URL：http：//www. pravo. by/pravovaya – informatsiya/normativnye – dokumenty/konstitutsiya – respubliki – belarus/.

克）的地方议会以秘密投票方式各选举八名议员，另外八名议员由总统任命，议员不能同时在政府中任职。共和国院的职权有：批准或否决代表院通过的宪法修正、补充、解释，以及其他法律草案；同意总统对最高法院院长、最高经济法院院长、中央选举和全民公决委员会主席、总检察长、国家银行行长等高级行政官员的任命；推选出六名宪法法院的法官，以及六位中央选举委员会和全民公决委员会的成员；取消地方议会不符合法的决议，并在地方议会严重违反法律的情况下解散地方议会和决定新的选举；通过总统叛国或犯有重罪调查总统的决定，并在获得不少于三分之二共和国院全体成员的赞成票下做出罢免总统的决定。①

然而，在实际操作中代表院提出罢免总统的决定是不可能被通过的。根据宪法第 84 条和第 93 条规定②，总统有权在其牢牢掌控的宪法法院做出违法决定的情况和程序下解散两院。此外，还有一系列其他情形，总统有权提前中止两院的权力，在下文中将详细论述。

第二，扩大和强化了总统的政治权力，使总统拥有绝对的行政、部分的司法和立法权，包括能够独立决定全民公投。此外，还规定总统有权决定共和国院、代表院和地方代表机构的常规和非常规选

---

① “Конституция республики беларусь” – URL：http：//www. pravo. by/pravovaya – informatsiya/normativnye – dokumenty/konstitutsiya – respubliki – belarus/.

② “Конституция республики беларусь，статья 84 и 93.” – URL：http：//www. pravo. by/pravovaya – informatsiya/normativnye – dokumenty/konstitutsiya – respubliki – belarus/.

举；在宪法认定的情况和程序下解散代表院；任命共和国宪法法院的院长和六名成员及其他法官；经共和国院同意，任命中央选举和全民公投委员会主席、总检察长、国家银行行长、最高法院院长、最高经济法院院长，以及相应法官；组建、撤销和改组总统办公厅以及其他国家管理机构和咨询协商机构，确定共和国政府的组成，任命和解除副总理、部长和政府其他成员的职务，任命国家管理机构的领导人，主持政府会议；解除宪法法院院长、最高法院院长、最高经济法院院长，以及相应法官的职务；解除总检察长、国家银行行长、中央选举和全民公决委员会主席，以及成员的职务；任命和解除国家监督委员会主任的职务；任命总统在议会中的代表和其他负责人员；签署法律，取消政府法令；兼任白俄罗斯共和国武装部队总司令，任命和解除武装部门最高指挥人员的职务；赦免罪犯。[①] 此外，宪法在第101条中还规定根据总统的倡议，可以授予其发布具有法律效力的法令的立法权。如果根据政府的倡议发布法律，则必须要有总统的签字。由此，我们可以看出，宪法中所规定的总统的权力远大于议会及其他机关，对总统的罢免条款也形同虚设。

第三，将政府的名称从内阁改回苏联时期的“部长会议”（Совет Министров）。“部长会议”被定性为中央政府机构。1998

---

① “Конституция республики беларусь” – URL：http：//www. pravo. by/pravovaya – informatsiya/normativnye – dokumenty/konstitutsiya – respubliki – belarus/.

年 7 月，白俄罗斯出台了《部长会议法》，明确部长会议的法律地位，是以总理为首的管理政府机构和国家组织，以及地方行政和行政机构的最高机关。依据宪法行使行政权，领导其下属机构和其他行政部门。

第四，关于全民公投的新规定。宪法修正案规定，为了解决国家和社会中的最重要问题，可以举行全民公投和地方公民公投。全民公投的启动条件或者是由总统亲自提出，或者获得共和国院和代表院多数代表表决通过，或者收集到不少于 45 万名以上具有选举权的公民（其中包括明斯克市不少于 3 万名公民）的签名。全民公投的决定需要总统签署生效。① 这实际上大大地限制了全民公投的发起条件，全民公投不但不能限制总统权力，反而成了巩固总统权力的政治手段。

总统卢卡申科一方的支持者们认为，此次白俄罗斯共和国对宪法进行的修正和补充使立法权不再处于特权地位，限制了议会超其自身应有权力边界的不合理权力。这意味着以最高苏维埃为代表的超级国家权力机构的消亡，也意味着不合理的苏联模式正式瓦解和最终放弃，更意味着相对更加成熟、更加先进的议会权力结构标准的产生。②

---

① “Конституция республики беларусь” – URL：http：//www. pravo. by/pravovaya – informatsiya/normativnye – dokumenty/konstitutsiya – respubliki – belarus/.

② Палата представителей Национального собрания Республики Беларусь：История парламентаризма в Беларуси. – URL：http：//house. gov. by/ru/kratkie_svedenija – ru.

关于此次公投，白俄罗斯的最高苏维埃和反对派指出，在程序上其严重违反了共和国法律。根据当时白俄罗斯共和国的法律规定，全民公投委员会应该在公民投票前一个月，由相应的具有代表权的理事会组成。而在事实操作上，此次公投的投票委员会是在举行投票前5—7天临时创建的，且在成员组成上并不具有一般的规范性。[1] 就在公投前夕的11月14日，总统卢卡申科未按照法定程序就解除了中央委员会选举和全国公民投票委员会主席维克多·龚洽尔（Виктор Гончар）的职务，并让自己的支持者丽佳雅·艾尔莫士娜（Лидия Ермошина）代替。根据白俄罗斯1994年宪法规定，只有最高苏维埃有权任免中央委员会选举和全国公民投票委员会的主席。由于临时更换了投票委员会的最高领导，导致整个机构的工作几乎瘫痪，无法正常履行对全民公投合法性的监管职能。除此之外，全民公投并没有在规定的当天开始，部分投票站在全民公投前两个星期就已经开始了投票。关于提前投票公告，是由白俄罗斯共和国总统办公室印制的。它们绕过中央选举委员会和区域公投委员会被分发到各投票站，本身这一行为就违反了关于全民公投的法律规定。而提前进行投票的这一行为违反了11月14日最高委员会颁布的《关于白俄罗斯共和国全民

① Газета《Свабода》Белорусси № 91：Нарушения законодательства при проведении референдума 29. 11. 1996 г.

公投法的条款解释》，根据该条例的第 28 条，提前进行投票或计票，以及在被迫和非自愿情况下的投票应该视为无效。并且，在公民们进行提前投票时，投票站内没有任何关于投票内容的文字说明，30% 以上的参与投票的公民根本不知道他们投的是什么票，为了什么进行投票。①

有国际观察员认为这次的全民公投不具有客观性。在公投当天国际观察员的工作被当局阻碍，不允许国际政党和民间社会组织代表监督投票，甚至被禁止接近投票的地点以采集他们监督工作所需要的信息。此外，还指出白俄罗斯国内媒体所声称的“多数投票者支持总统一方的提案”这一说法是片面的，被采访的人员几乎都是在投票站已经投过总统一方赞成票的人。在投票站附近，总统卢卡申科的支持者们都在为总统一方直接进行拉票宣传。②

此外，最高苏维埃和反对派还指出，投票站的设置方面也有明显的缺陷，可以说是一种典型的影响选举公正性的做法。首先，没有对宪法的修正案和补充内容进行明确说明，侵犯了选民对自己所投票支持内容的知情权。其次，投票行为的规范性堪忧，选民可以在没有身份证件的情况下进行投票，无法确定在投票中是否有重复

① Газета《Свабода》Белорусси № 91：Нарушения законодательства при проведении референдума 29. 11. 1996 г.

② Газета《Белорусский Партизан》：Гарри Погоняйло：Достаточно！. Архивировано 6 августа 2012 года.

投票等违规行为。最后，在投票箱上有明显的封条损坏问题，可以判定可能有伪造选民签名的行为。①

此次全民公投通过的宪法修正案极大地强化了总统权力而弱化了议会权力。因此，西方将这个宪法修正案称为"总统权力扩大宪法"。② 而白俄罗斯国内学者则普遍认为，这一说法没有考虑到白俄罗斯的历史文化和民族性，也没有考虑到白俄罗斯政治制度所具有的过渡性特点。

根据白俄罗斯1996年宪法修正案的规定，白俄罗斯总统由选民直接选举产生，任期五年，同一人担任总统不得超过两届。但由于1996年进行了修改宪法的全民公投，重新计算了总统的任期。因此，在2001年白俄罗斯才迎来了独立后的第二次总统大选。

此次大选的候选人主要有总统卢卡申科、白俄罗斯自民党主席盖杜克维奇（Сергей Гайдукевич）、联邦工会主席龚洽里克（Владимир Гончарик），以及格罗德诺州前执行委员会主席谢苗（Семён Домаш）。但随后谢苗觉得自身竞选成功希望不大，退出了竞选转而支持联邦工会主席龚洽里克。③

---

① Газета《Белорусский Партизан》：Гарри Погоняйло：Достаточно！. Архивировано 6 августа 2012 года.

② "The 1996 Referendum：Belarus's Fall into Dictatorship" – URL：http：//belaruspartisan. mybb. ru/viewtopic. php？ id = 107#p529.（2017 – 11 – 24）

③ Центральная комиссия Республики Беларусь по выборам и проведению республиканских референдумов. – URL：http：//www. rec. gov. by/sites/default/files/pdf/constitution. pdf/.

在此次总统大选中，参与投票的选民占全部选民总数的83.86%。亚历山大·卢卡申科获得75.65%的选票（百分比较少，但绝对数量比1994年时更多，当时他是独立候选人），继续连任总统职务。[①] 得票率第二的是白俄罗斯联邦工会主席龚洽里克。虽然得到了格罗德诺州前执行委员会主席谢苗的全力支持，但仅获得15.65%的选票，未对总统卢卡申科构成足够的威胁。而白俄罗斯自民党主席盖杜克维奇获得了2.48%的选票。

关于此次总统大选，白俄罗斯国内的反对派、美国以及欧盟拒绝承认选举结果，声称此次选举中出现了很多违规行为，没有达到民主标准。其中提到，其他候选人在竞选活动的正常运作中受到了来自总统卢卡申科一方的非法干涉。对于这些行为，受害人向司法部门进行了起诉，但是没有收到任何有效的回应。[②] 此外，在明斯克，移动通信中心在全民公投前被有关部门以调查为由关闭了几个小时，包括大众媒体、互联网网站在内的公共信息平台都停止了运营，西方观察组织和白俄罗斯的民间组织没有机会使用自己的媒体。[③]

然而，独联体的观察员则认为，在此次选举期间并没有发生重

① 白俄罗斯选举委员会官网：http：//www. rec. gov. by/Archive – Elections – PRB2001。

② Алеся П. Н.，Обзор – Хроника нарушений прав человека в Беларуси в 2001 году. С. 6 –9.

③ Алеся П. Н.，Обзор – Хроника нарушений прав человека в Беларуси в 2001 году. С. 6 –9.

大违规行为，选举的结果也符合白俄罗斯人民的意愿。根据俄罗斯新闻 10 月 22 日的报道，白俄罗斯的总统选举虽然有着一些不完善之处，但总体上符合国际标准，并且是严格按照国家立法规定通过的。这一结论也载入了俄罗斯新闻中心在克罗地亚会议上有关中欧和东欧官员选举的年终报告里。7 月至 9 月，中欧和东欧官员选举协会的代表对白俄罗斯的总统大选进行了短期和长期监测，并强调“白俄罗斯问题”虽然不是克罗地亚会议的主要议题，但是确实得到了国际社会的广泛关注。该协会给出了白俄罗斯总统大选的最终识别结果，结论与俄罗斯先前做出的结论基本相同。①

根据 1996 年通过的宪法，白俄罗斯的总统任期限制为两届。而卢卡申科早在 1994 年就已经担任了总统，即使按照白俄罗斯官方的说法，1996 年全民公投以后对总统任期进行了重新起算，那么 1996—2001 年总统卢卡申科的第一个任期也已经结束，而 2001—2006 年，就是其第二个总统任期。因此，根据 1996 年宪法的规定，总统卢卡申科没有资格再次参加 2006 年的总统大选。但是，在 2004 年，卢卡申科再次推动了修改宪法的全民公投。

2004 年 10 月 17 日，白俄罗斯就“是否赞成卢卡申科再次竞

① Naviny Новости: Президентские выборы в Беларуси прошли в соответствии с национальным законодательством, утверждается в итоговом отчете ассоциации организаторов выборов. – URL: https://naviny.by/tag/vybory – prezidenta – respubliki – belarus – 2001 – goda.

选总统”以及“取消现行宪法中有关总统任期不得超过两届限制”的两个问题进行了全民公投。详细表述如下：（1）您是否同意授权白俄罗斯共和国第一任总统卢卡申科作为候选人继续参加2006年的白俄罗斯共和国总统大选。（2）您是否接受如下的宪法第81条第1款：“白俄罗斯共和国的公民将以无记名投票的形式，在自由、平等、直接的基础上参与总统选举投票，被选出的总统任期五年。”①（备注：在该条款修正后，删除了“总统任期不得超过两届”的限制性条款。）

根据当时白俄罗斯中央选举和全民公投委员会的资料显示，90.28%的选民参加了此次全民公投，其中79.42%的选民赞成修改宪法，只有9.9%选民反对修宪。② 宪法再次被修改，卢卡申科获得了第三次竞选总统的资格。此外，值得注意的是2000年通过的《白俄罗斯选举法》中，第112条规定：全民公投中不得设置选举相关问题，以及与白俄罗斯共和国总统自由和权力相关的问题。③

关于此次公投的结果，俄罗斯官方媒体表示了赞同和肯定。根据俄罗斯在“俄白联盟”官网上发表的官方看法，俄罗斯从未对

---

① Центральная комиссия Республики Беларусь по выборам и проведению республиканских референдумов: http://www.rec.gov.by/refer/refer2004ukaz.html.

② “Итоги белорусского референдума: За Лукашенко – 79, 42%.,” https://regnum.ru/news/polit/346569.html.

③ Избирательный Кодекс Республики Беларусь 370 – 3 от 11.02.2000 г.

白俄罗斯国家的民主性质和正确的投票组织方式表示任何怀疑，俄罗斯官方对这一立场始终持有坚定的态度，认为白俄罗斯的全民公投是在公平、公正的情况下，以和平的方式进行的，公开透明地反映了白俄罗斯共和国人民的真实意愿，俄罗斯联邦的所有中央和大众媒体都承认这一事实，此外，文章还提出，有一些西方记者以俄罗斯对白俄罗斯全民公投的立场为借口，批评克里姆林宫罔顾事实，认为这是莫斯科反对“民主进程”的一贯逻辑。①

总统卢卡申科通过全民公投消除了宪法对其任期的限制，准备继续参加2006年总统大选的这一行为，遭到了西方国家的一致抵制和反对。因此，自2006年2月26日起，由欧盟预算资助的欧洲独立电视台与广播电台，于白俄罗斯总统大选前夕在白俄当局疏于管制的地方州市开播，主要播放反对卢卡申科当选以及与其执政方针相对立的内容。另外，俄罗斯独立电视台（RTVi）也收到了来自欧洲的资助，在白俄总统选举期间，每天播放30分钟的政治类节目，旨在通过制造舆论声势，打乱卢卡申科的竞选部署。②然而，在绝对的民意支持下，这些举措收效甚微。

根据白俄罗斯中央选举委员会的规定，参与2006年总统大选的参

---

① Союз Государство РБ и РФ：http：//www. belrus. ru/about/organy_souznogo_gosudarstva/vyshiy_gosudarstvennyy_sovet. html.

② Евросоюз начал радиовещание на Белоруссию：http：//www. shakhty. su/world/news/2006/02/26/belradio.

选人名单需要于2005年12月23日之前提交给中央选举委员会，候选人收集选民签名的日期被定为2005年12月29日至2006年1月27日。这期间，地区委员会需要统计和整理候选人提供的选民签字清单。截至2006年2月11日，地区委员会需要向中央选举委员会提交一切选举所必须的文件。[①] 2005年12月，白俄罗斯共和国国民议会众议院通过决议，确认2006年白俄罗斯总统大选将于当年3月19日举行。12月27日，所有提交参选申请的申请人开始正式注册。[②]

截至2005年12月27日，共有八名候选人提交了登记申请。分别是白俄罗斯国民议会共和国理事会前主席、白俄罗斯国家科学院前院长沃伊托维奇（Александр Войтович）；第三届众议院代表、自民党领袖盖多克维奇（Сергей Гайдукевич）；白俄罗斯国立大学前任校长、白俄罗斯社会民主党的领导人果兹乌林（Александр Козулин）；通过国会民主力量提名的独立反对派候选人米林科维奇（Александр Милинкевич）；“白俄罗斯人民阵线”保守派基督教党主席波兹雅克（Зенон Позняк），他是欧美西方国家支持的政治家，之前由于未能收集10万个选民签名而没有参加2001年的总统大选；民主党派推举的独立候选人斯科列别茨（Сергей

① Об участии в президентских выборах заявили в общей сложности пять человек（рус.）. Проверено 8 ноября 2010.

② Постановление Палаты Представителей Национального Собрания Республики Беларусь от 16 декабря 2005 года № 310 – П3/III《О назначении выборов Президента Республики Беларусь》.

Скребец)；白俄罗斯社会民主党（Hramada）成员、国民议会众议院副议长弗罗洛夫（Валерий Фролов）；以及通过全民公决获得参选权力的总统卢卡申科。[①]

2006 年 1 月 9 日，呼声较高的沃伊托维奇突然宣布决定不参加总统选举。23 日，弗罗洛夫的竞选团队负责人提出，虽然已收集了 10 万个签名，足以使其在中央选举委员会登记提名为总统候选人，但是，在不久的将来弗罗洛夫将从竞选总统候选人名单中退出。[②] 之前，沃伊托维奇和弗罗洛夫被认为是“宪法”和“法律”的重要维护者，坚决反对总统卢卡申科违反民主原则继续第三个总统任期。[③]

26 日，候选人果兹乌林的竞选团队负责人谢尔盖称其他的候选人拒绝参加总统竞选，对他们团队而言是非常有利的。弗罗洛夫的竞选团队在其放弃候选人身份后，主动表示支持果兹乌林的竞选团队。此外还提到，在 1 月 25 日晚上，果兹乌林就已经收集到了 10 万个以上的选民签名。他认为，果兹乌林是总统职位的最佳候选人，他是一个真正的替代现任总统卢卡申科的优秀的管理者，他将更加科学化地发展白俄罗斯，使国家走上一条科学、民

---

① Новости TUT：Инициативная группа зарегистрирована：– URL：https：//news. tut. by/elections/62041. html.

② Новости TUT：Валерий Фролов намерен заявить о своем выходе из президентской кампании 23. 01. 2006 г. – URL：https：//news. tut. by/elections/63187. html.

③ Новости TUT：Александр Войтович и Валерий Фролов перечислили условия，при которых президентские выборы могут считаться “конституционными и законными” 29. 12. 2005 г. – URL：https：//news. tut. by/elections/62125. html.

主、法治的道路。[①]

2005年12月15日，在索契会议后的第二天，白俄罗斯总统卢卡申科与俄罗斯联邦总统普京举行了会议计划外的单独会议，讨论了下一年即将举行的白俄罗斯大选。[②] 11月23日，总统卢卡申科在对俄罗斯地区媒体的新闻发布会上表示：他毫不怀疑将在第二年的总统大选上获胜，并认为如果其他候选人获胜将对俄罗斯和俄白两国关系造成巨大打击。此外他还提到，其国内民众的支持率一直保持在73%—75%的超高水平。[③]

在大选前夕，白俄罗斯在立法上补充了对个人和公众安全行为的责任条款。在《白俄罗斯共和国刑法》中增加了关于诋毁国家刑事责任的新法律条文。根据该条款的规定，任何公民将白俄罗斯政治、经济、军事和国际形势相关信息，交予外国及与外国相关的组织，根据该法律条款，将处以六个月至两年的刑事监禁处罚。[④] 白俄罗斯议会在讨论该修正案时提到，该修正案的通过是

---

① Фролов со своей командой вливается в предвыборные структуры Козулина 01. 02. 2006 г. – URL: https: //news. tut. by/elections/63637. html.

② Зарубежные СМИ активно комментируют назначение президентских выборов в Беларуси на 19. 03. 2006 г. https: //news. tut. by/society/61632. html.

③ Президентские выборы в Беларуси назначены на 19. 03. 2006 г. – URL: https: //news. tut. by/society/61589. html.

④ Закон Республики Беларусь от 15 декабря 2005 года № 71 – 3《О внесении дополнений и изменений в некоторые законодательные акты Республики Беларусь по вопросу усиления ответственности за деяния, направленные против человека и общественной безопасности》.

防微杜渐，防止西方利用媒体力量影响选举的公正性。同时还指出，一些西方国家，尤其是美国在近年来多次表示出对白俄罗斯总统选举结果的“兴趣”。此外，近期在独联体国家还发生了“颜色革命”，因而必须防止美国利用自身的国际资源和涉外非营利组织以大规模街头抗议活动的形式在白俄罗斯干涉总统大选。①

此次刑法修正案的通过，遭到大多数白俄罗斯国内的反对派反对。白俄罗斯社会民主党在众议院投票中坚决反对通过此次刑法修正案，指责白俄罗斯当局违反联盟条约，没有建立一个自由而统一的公共信息空间，违反了《白俄罗斯共和国宪法》中关于言论自由规定的条款，以及人权宣言。②

2006 年 2 月，在向中央选举委员会提交签名名单时，最终仅有四位候选人获得了超过十万名选民的签名，分别是白俄罗斯社会民主党的领导人果兹乌林、国会民主力量提名的独立反对派候选人米林科维奇、自民党领袖盖多克维奇和总统卢卡申科。他们四人所获得的选民支持签名数分别为 156618 个、198559 个、150319 个和 1905631 个，总统卢卡申科在支持候选人的签名数量上遥遥领先。③

---

① Новости TUT：Председатель КГБ обещает не допустить революции в Беларуси – URL：https：//news. tut. by/politics/60866. html.

② Новости TUT：БСДП призывает депутатов совершить мужской поступок и проголосовать против поправок в УК. 01. 12. 2005 г. https：//news. tut. by/politics/60954. html.

③ Новости TUT：Данные ЦИК о количестве подписей，переданных в комиссию в поддержку выдвижения претендентов на пост президента – URL：https：//news. tut. by/elections/63460. html.

1月19日，“白俄罗斯人民阵线”保守派基督教党主席波兹雅克发表声明，称如果不加大力度宣传参与竞选的信息，收集不到足够的选民签名，之前收集的签名将被视为无效。他呼吁自己的支持者帮助继续宣传竞选方面的信息，让公众们知道现在他们必须做出选择。此外，还提出自己的所有竞选行动都是以宪法和法律为基础的，决不采取任何与选举立法相抵触的方式。[①] 然而，这一呼吁并没有改变他被迫出局的形势，最终，波兹雅克因没能收集到足够的选民签名而被迫放弃竞选。

2006年2月，在竞选前夕，国际组织和其他国家的大批观察员来到白俄罗斯。根据《白俄罗斯共和国选举法》的规定，在选举期间国际观察员可以进驻总统府、国民议会、部长理事会、外交部和主持总统大选选举及公民投票的全国中央选举委员会。[②]

根据中央选举委员会的统计，在举行2001年的总统选举和2004年的全民公投时，约700—800个国际组织中不低于两万个国际观察员来到白俄罗斯国内，对选举活动的公正性进行监督。例如：2004年的全民公投期间，有2.4万名国际观察员在6500个投票站进行监督。[③] 据统计，此次总统大选中的国际观察员比以往任

① Новости TUT：Зенон Позняк призывает свою инициативную группу “не обращать внимания” на предупреждение ЦИК – https：//news. tut. by/elections/63002. html.

② Избирательный Кодекс Республики Беларусь 370 – 3 от 11. 02. 2000 г.

③ Центральная комиссия Республики Беларусь по выборам и проведению республиканских референдумов：http：//www. rec. gov. by. html.

何时候都更加活跃，到大选前，这一数字上升至近 3 万。①

对此，白俄罗斯外交部长波波夫的外交新闻秘书表示，需要对这些国际观察员进行严格的身份核查，并予以适度的关注。近年来一些国家打算派遣代表作为观察员，但是没有获得邀请。这些所谓的“观察员”可能成为影响白俄罗斯共和国总统选举正常进行以及制造紧张局势、挑起冲突的不稳定因素。②

2006 年 3 月 19 日，白俄罗斯总统大选如期举行，总统卢卡申科赢得了 83% 的选票，以绝对优势继续连任总统。③ 白俄罗斯社会民主党领导人果兹乌林、国会民主力量提名的独立反对派候选人米林科维奇及自民党领袖盖多克维奇分别获得 2. 3%、6. 2% 和 3. 5% 的选票。根据白俄罗斯别尔塔新闻报道，此次总统大选所花费的费用约为 200 亿白俄罗斯卢布。④

关于此次大选的结果，有西方观察员指出，部分白俄罗斯公民前往投票站投票时仍然没有携带护照或其他证明其身份的文件。因此，当局有足够的机会来“伪造结果”。对此，白俄罗斯外交部

① Новости TUT：Лидия Ермошина：За президентскими выборами будут следить более 30 тысяч внутренних наблюдателей. 28. 01. 2006 г. – URL：https：//news. tut. by/elections/65482. html.

② Новости TUT：МИД Беларуси：мы ждем тех наблюдателей，которых пригласили，и не ждем тех，которых не приглашали 09. 03. 2006 г. – URL：https：//news. tut. by/elections/65202. html.

③ Сведения об итогах выборов Президента Республики Беларусь. 19. 03. 2006 г.

④ Лидия Ермошина：На проведение избирательной кампании затрачено порядка $8 млн. 20. 03. 2001 г. https：//news. tut. by/elections/65716. html？crnd = 8183.

表示，西方国家在投票方面的指责没有任何合理的依据，是一种政治挑衅。同时，总统卢卡申科指出，有关提前投票和没有身份证件监察的荒谬控诉毫无根据。他还指出，无论西方国家的政治偏好如何，都必须承认此次选举是公正的。此外他还强调，选举投票率高、自身得票率高，都再次表明白俄罗斯人民对国家的命运和发展有着深刻的个人责任感。此次选举，有超过3万名国际观察员和1000多名记者监督，没有什么是可以伪造的。在此次选举中白俄罗斯人民有意识地、明智和理智地做出了他们的选择。①

此次总统大选引起了欧美等西方国家的极度不满。据俄罗斯的说法，欧洲方面斥资200万美元对白俄罗斯进行独立广播，并且对具体的播放程序、时间等进行了严格规定。除此之外，欧盟理事会还将12名白俄罗斯人列入旅行禁令和资产冻结名单。

2010年12月，白俄罗斯共和国举行了第四次总统大选。此次大选，共登记注册了十位候选人。他们分别是总统卢卡申科、曾以辞职来反对1996年修改宪法全民公投的白俄罗斯共和国前副外长奥列格维奇（Андрей Олегович）、白俄罗斯共和国第13届最高苏维埃经济政策和改革委员会首席专家以及联合公民党副主席切斯拉沃维奇（Ярослав Чеславович），“白俄罗斯人民阵线”党推举

---

① Новости TUT：Лукашенко：“Давайте проявим мудрость，не будем использовать выборы как фактор раздора и противостояния” 20. 03. 2006 г. – URL：https：//news. tut. by/elections/65726. html.

的安德烈耶维奇（Григорий Андреевич），白俄罗斯诗人、作家普罗戈费耶维奇（Владимир Прокофьевич），自治非营利性国际组织“白俄罗斯、俄罗斯和乌克兰斯拉夫人民执行委员会”办公室主任伊万诺维奇（Виктор Иванович），白俄罗斯基督教民主党提名的阿纳多里耶维奇（Виталий Анатольевич），欧洲联盟“自由白俄罗斯”党提名的维克多维奇（Николай Викторович），白俄罗斯共产党推举的米哈列维奇（Алексей Михалевич），以及明斯克议员乌斯（Усс Иванович）。[①]

根据西方的一些民意调查结果，此时总统卢卡申科的支持率明显低于50%。[②] 在这次总统大选期间，来自44个国家的3万多名观察员进入白俄罗斯境内，其中490名观察员来自欧安组织的特派团。根据白俄罗斯选举委员会新闻中心给出的数据，共有1000多名记者获得采访和播出大选过程的认证，其中三分之二是外国人，三分之一是白俄罗斯人。对此，欧安组织观察团团长格特阿伦斯指出，西方国家已经注意到了白俄罗斯总统大选中的积极变化，此次选举会取得比以往更好的效果，在国际观察员的监督下也能实现对大选更客观详实的评估。他还指出，与以往相比，白俄罗斯已经在组织候选人和登记方面变得更加透明，希望在此次总统

---

① Сообщение об итогах выборов Президента Республики Беларусь 19. 11. 2010 г.

② Радио свдбода：Рэйтынг кандыдата Лукашэнкі — меней за 50%. 12. 12. 2010 г. – URL：https：//www. svaboda. org/a/2218040. html.

大选中，欧安组织的观察员能够以更系统的方式对投票进行观察和评估。①

客观上讲，从1996年修改宪法以后，总统卢卡申科已经掌握了国内的核心权力。自此，在白俄罗斯的政治体制中越来越呈现出“强总统、弱议会、弱政党和弱反对派”的特征。随着总统卢卡申科对国内政治社会的掌控能力日渐加深，其在白俄罗斯国内早已没有了可以与之形成实质性竞争的政治对手。因此，西方的一些具有倾向性的民意调查并不能反映白俄罗斯国内的客观事实。

2010年，白俄罗斯总统大选的结果是卢卡申科以72.03%的高得票率继续连任总统一职。其余候选人中只有“白俄罗斯人民阵线”党推举的候选人安德烈耶维奇获得了超过2%的选票。值得注意的是，有6.47%的选民投了反对所有人票。②

2010年12月20日，就在选举后的第二天，白俄罗斯独立广场上聚集了50—200人的游行队伍。但是，随后被赶来的军队驱散，其中一些抗议者被捕。21日，又有大约200人在该广场聚集，统一手持蜡烛表示抗议。当局发布紧急消息，称在明斯克举行抗议活动的反对派和组织者都将受到起诉。白俄罗斯内政部长古烈

① Новости Интер－Факс：Выборы в Белоруссии. 20. 12. 2010 г. －URL：http：//www. interfax. ru/russia/169872.

② Сообщение Центральной комиссии Республики Беларусь по выборам и проведению республиканских референдумов об итогах выборов Президента Республики Беларусь，24. 12. 2010 г.

绍夫指出，根据《白俄罗斯共和国刑法》第 293 条规定，发起和参与群众暴动涉及严重刑事案件，其最高刑罚是处以 15 年监禁。此外他还指出，此次未经授权的抗议活动中有 30 多名执法人员受伤，多名群众伤病住院，此次暴乱活动的大量参与者已被刑事拘留。①

12 月 23 日，俄罗斯联邦驻明斯克大使苏里科夫召开了支持白俄罗斯当局的新闻发布会。会上苏里科夫指出，白俄罗斯当局对限制反对派示威的行动是完全正确的。反对派从一开始就在广场上“押下赌注”，他们试图在西方的支持下，在白俄罗斯点燃“颜色革命”之火。此外，独联体观察团团长列别杰夫指出，所有的独联体观察员均认为此次白俄罗斯的总统选举进展顺利，在投票站没有任何严重违规行为。并在观察结果的声明中强调，此次选举是公平、公正、自由、公开的，符合白俄罗斯共和国的立法和民主规范。②

2015 年 10 月，白俄罗斯举行第五次总统大选。在这次总统大选中，卢卡申科已经没有了任何有威胁的对手。此次大选共有四名候选人，除了总统卢卡申科以外，候选人中还有白俄罗斯社会民主党支持的女社会活动家科罗特克维奇（Татьяна Короткевич）、

---

① Новости TUT：По факту массовых беспорядков в Минске возбуждено уголовное дело，20. 12. 2010 г.

② Новости РБ：На митинге в Минске белорусский спецназ избивал своих коллег Русская служба новостей，23. 12. 2010 г.

白俄罗斯自由民主党推举的盖杜克维奇（Сергей Гайдукевич）、白俄罗斯爱国党主席乌拉霍维奇（Николай Улахович）。

最终，总统卢卡申科以83.49%的高得票率毫无疑问地赢得了此次大选。其余候选人科罗特克维奇、盖杜克维奇和乌拉霍维奇分别获得4.42%、3.32%和1.67%的选票。[①]

关于将在2020年举行的第六次总统大选，白俄罗斯中央选举委员会网站上显示，暂定在该年的8月30日前后举行。具体日期仍有待最终确定。

2020年年初，关于即将举行的这次选举，白俄罗斯新闻网对总统卢卡申科进行了专访。访问中卢卡申科表示："1994年，在国民的支持下他当选为该国总统，那时候他还只是一位年轻的政治家。当时，他的计划是从根本上改变国家贫弱的经济状况，打击贪污、腐败，提高人民的生活水平。2020年，在他的第五任总统任期结束时，白俄罗斯共和国已经成为一个文明且经济相对发达的国家。他还专门列举了其执政时期的一些成绩[②]：（1）官方低失业率指数占总劳动人口的0.5%，远低于欧洲国家；（2）白俄罗斯

---

① ЦИК Беларуси опубликовал окончательные итоги выборов Президента. – URL: http://www.belta.by/politics/view/tsik-belarusi-utverdil-itogi-vyborov-prezidenta-166921-2015/.

② Академией управления при Президенте: Республика Беларусь: уверенным шагом по пути независимости, издательского дома《Беларусь сегодня》, июнь 2020 г. https://www.bsmu.by/downloads/universitet/vosp/edi/2020/june_2020.pdf.

成功发射卫星到太空，成为太空大国；（3）国家的运输系统得到了更新和维护（公共汽车、地铁、铁路）；（4）翻新了道路和公交等基础设施；（5）全国所有118个地区全部通了天然气；（6）成功实施乡村复兴计划：修建了现代房屋、医院和学校；（7）给予白俄罗斯人免费的高等教育、医疗服务、购房福利，提高了人均工资水平、社会福利，稳定了商品和服务价格；（8）大型工业企业可以免于腐败困扰，关键领域企业仍归国家所有；（9）社会犯罪率低，摧毁了大型犯罪团伙。

关于此次总统大选的候选人资格和要求，白俄罗斯中央选举委员会公布如下：（1）候选人需要是年满35周岁的具有被选举权的行为能力人；（2）候选人必须在总统候选人开始提名前组建并注册不少于100名成员的竞选小组；（3）出生地需要在白俄罗斯；（4）拥有永久公民身份且在该国居住至少10年；（5）候选人不得为任何政党的成员；（6）在提交文件前必须获得10万名选民的支持签名；（7）总统大选前35天开始提名候选人，直至选举前25天时结束。

目前，根据白俄罗斯中央选举委员会官网上的登记，关于候选人除了总统卢卡申科以外，还有以下几位有意向参加此次总统大选：（1）古巴列维奇（Ю. Губаревич）——“争取自由运动”主席；（2）阿尼斯姆（Е. Анисим）——众议院议员；（3）斯塔特科维奇（Н. Статкевич）——“人民大会”党主席；（4）盖杜克维奇

（О. Гайдукевич）——自民党成员；（5）扩兹洛夫（Н. Козлов）——联合公民党成员；（6）谢维林涅茨（П. Северинец）——白俄罗斯基督教民主党成员；（7）亚努科维奇（А. Янукевич）——“白俄罗斯人民阵线”副主席；（8）果洛特科维奇（Т. Короткевич）——“讲真话社团”领袖；（9）康诺帕茨卡娅（А. Канопацкая）——反对党议员。

根据上文白俄罗斯中央选举委员会提出的候选人要求，这些有意向参加总统大选的竞争者，有政党背景的必须脱离政党才能正式参选。

此外，中央选举委员会还规定，18 岁以上的白俄罗斯公民有权进行投票，各地有关选举单位不得以性别、国籍、学历、政治观点和社会地位等为由，对选民的选举权进行限制。除了被官方医疗机构认定的无行为能力人，以及在监狱中的服刑人员不得参加，原则上，每名公民只能对一名参选者进行投票。

在超过 50% 的居民投票参加此次总统大选的情况下，选举则被认为是有效。总统大选中，候选人获得参选选民 50% 以上的支持，则视为当选。如果没有候选人获得，则需要择期重新举行大选。

自从卢卡申科当选总统，白俄罗斯的政治情况趋于平稳。白俄罗斯与周边独联体国家不同，其社会发展似乎不存在“向东”还是“向西”的摇摆问题，有较强的确定性和独立性。但是不少学者也担忧白俄罗斯国内的总统权力不断强化和扩大，导致议会权力无法制衡总统权力。同时，这种高度集中的管理模式也存在着巨大的隐患，就是当卢卡申科不再就任总统后，白俄罗斯政治会如何发展？国内政治、地区政治和国际政治如果出现突发事件，白俄罗斯政局会不会发生动荡？这些都是未知数。

第二章　威权主义政体的立法解读与逐渐走弱的政党政治

第一节　威权主义在立法层面的巩固

《白俄罗斯宪法》共有 8 章 9 部分 146 条。其中，第一部分为宪法制度的原则；第二部分规定了个人、社会、国家的权利关系；第三部分包括第一、二章选举制度和全民公投；第四部分包括了第三、四、五、六章，规定了国家总统、国民会议、政府、法院的权力；第五部分规定了地方管理和地方自治的权力；第六部分包括第七、八章，规定了检察机关和国家监督委员会的权力；第七、八、九部分分别规定了财政信贷系统、宪法的作用和修改程序，以及结束和过渡条款。

关于总统权威的立法巩固方面主要涉及《白俄罗斯宪法》的第三、四、五部分，以及《白俄罗斯选举法典》的相关规定。从

1996 年、2004 年两次修改宪法后规定的整体权力构架上来看，白俄罗斯的中央国家权力结构是总统下辖共和国院（上院）和代表院（下院），实行立法、司法、行政三权分立的民主型政体。但在权力的实际运行中，我们不难发现总统职务的权力是最超然的。尤其在 2004 年的第二次修改宪法以后，总统权力更是脱离了任期的限制。①

虽然，上文中在介绍 1996 年宪法和 2004 年宪法修正案时，关于总统和两院议会的权力进行了简略介绍，但并未做详细分析。在这里，我们将系统分析一下白俄罗斯国家权力运行的实际过程中，总统与其他权力机关之间的关系。

根据《白俄罗斯宪法》第 84—89、93—94 条中的规定，总统在立法方面能够独立行使的有以下权力：（1）发起全民公投；（2）发起代表院、共和国院和地方代表机构（权力机构）的定期和特别选举；（3）有权向两院提交法律草案，以进行紧急审议（十日内）；（4）有权在两院议会和其他宪法未规定的立法机构中任命总统代表；（5）任命国家中央选举和全民公投委员会的 6 名成员（共 12 名）；（6）向代表院和共和国院议会发送年度电文，参加两院的会议及其工作机构，并有权在任何时候以演讲或通知的形式

① “Конституция республики беларусь” – URL：http：//www. pravo. by/pravovaya – informatsiya/normativnye – dokumenty/konstitutsiya – respubliki – belarus/.

与它们交谈；(7) 签署法律；(8) 有权以宪法规定的方式，将其反对的法律或其个别规定退还给代表院。

根据《白俄罗斯宪法》第93条中的规定，总统在解散两院议会和中止两院议会职权方面是受到宪法法院和一定规则制约的，必须出现以下三种情形：(1) 宪法法院做出国会两院系统性违法或严重违反宪法的结论；(2) 代表院连续两次投票通过对政府的不信任案；(3) 代表院连续两次拒绝同意总统关于总理的任命。

根据《白俄罗斯宪法》第84—89条中的规定，总统在行政方面能够独立行使的有以下权利：(1) 直接任命和罢免副总理、部长和政府其他成员，以及接受政府及其成员的辞职；(2) 有权主持政府工作会议，确定政府结构；(3) 有权废除中央政府决议；(4) 有权直接或通过创建机构监督地方政府和地方自治政府遵守国家法律的情况，并且，有权中止它们违反法律的决议和决定；(5) 任命国家管理机构负责人，并确定他们的地位，除非《白俄罗斯宪法》另有规定；(6) 有权组建、废除和重组国家行政机构，以及总统领导下的行政、咨询和参事及其他机构；(7) 有权依法解除中央选举和全国公投委员会主席和委员的职务；(8) 有权依法解除总检察长、国家银行董事会主席和委员职务，并告知共和国院（上院）；(9) 任免和解除国家控制委员会主席职务；(10) 以年度总结的形式向国民介绍内政和外交情况；(11) 有权决定授予国籍和终止庇护；(12) 决定国家节日、假期、国家荣誉奖，以及等级头衔和称号；（13）赦免被定罪之人；（14）谈判并签署国际条约，任命并召回共和国对外使节和外交代表；（15）接受或拒绝国外使节、代表提交的国书，或决定对他们进行驱逐。

根据《白俄罗斯宪法》第84—89条中的规定，总统在行政方面受到代表院限制的有以下权利：（1）有权经代表院（下院）同意任命总理；（2）在自然灾害、灾难、动乱，存在暴力行为或威胁人民的生命健康，威胁国家领土完整等情况时，有权宣布全国或单独地区的紧急状态，并在三天内交共和国院批准；（3）总统申请辞职需要代表院通过。

根据《白俄罗斯宪法》第84—89条中的规定，总统在司法方面能够独立行使的有以下权利：（1）总统有权发布不与《白俄罗斯宪法》相违背的，对全境具有约束力的指令（указы）和命令（распор-яжения），以及具有一般法律效力的法令（декретов）；（2）总统有权直接或通过其创建的机构，确保他的指令、命令和法令的执行；（3）总统有权任命宪法法院的6名法官和共和国的其他法官；（4）总统有权依法解除宪法法院、最高法院、最高经济法院院长和法官的职务。

根据《白俄罗斯宪法》第84—89条中的规定，总统在司法方面能受到共和国院限制的有以下权利：（1）有权经共和国院（上院）同意从宪法法院、最高法院和最高经济法院的法官中选任这些法院的院长；（2）有权经共和国院（上院）同意，任命最高法院和最高经济法院法官、中央选举委员会主席、总检察长、国家银行董事会主席和成员。

根据《白俄罗斯宪法》第84—89条中的规定，总统在军事和安全方面能够独立行使的有以下权利：（1）作为国家武装部队总司令，有权任免武装部队的高级将领；（2）有权组建并领导国家安全理事会，并任免安全理事会的秘书长；（3）在发生军事威胁或袭击时，有权宣布实行戒严，进行全面或部分军事动员，并在三天内提交共和国院批准。

根据《白俄罗斯宪法》第96、97条中的规定，代表院有权独立行使以下权力：（1）发起总统选举；（2）同意总统关于总理的任命；（3）从其成员中选出代表院主席、副主席，及组建常设委员会和其他机构；（4）听取总理关于政府的工作报告与工作计划，并有权对政府进行不信任投票、批准或拒绝工作计划；（5）根据总理的提议，审议对政府的信任问题；（6）接受总统的辞职；（7）有权以多数票对总统提出叛国罪或其他严重罪行的指控。

根据《白俄罗斯宪法》第96、98条中的规定，共和国院有权独立行使以下权力：（1）同意总统对宪法法院、最高法院和最高经济法院院长的任命；（2）从其成员中选出共和国院主席、副主席，及组建常设委员会和其他机构；（3）批准或拒绝代表院通过的宪法修正草案、宪法解释草案或增补宪法草案；（4）同意总统对中央选举和全民公决委员会主席、总检察长，以及国家银行董事会主席和成员的任命；（5）选出宪法法院的6名法官；（6）选出中央选举和全民公决委员会的6名成员；（7）取消不合法的地方议会的决定；（8）在地方议会严重违法的情况下，决定解散地方议会；（9）决定是否同意总统所做出的实行紧急状态、戒严、全面或部分动员的指令，限期在总统令出台后3天内。

根据《白俄罗斯宪法》第84—99条中的规定，代表院和共和国院有权共同行使以下权力：（1）审议并通过法律；（2）紧急审议并通过总统提议的法律；（3）审议并通过总统提交的内政和外交方向；（4）审议并通过总统提交的军事学说；（5）审议并通过总统签署或退出的国际条约；（6）审议并通过公民权利、自由和义务等基础原则的相关法律；（7）审议并通过公民、外国人和无国籍人士身份地位的法律；（8）审议并通过关于少数民族权利的法律草案；（9）审议并通过国家预算和执行状况；（10）审议并通过国家税费、财产关系原则的相关法律；（11）审议并通过有关婚姻、家庭、教育、文化和医疗保健的法律；（12）审议并通过关于环境保护和合理利用自然资源的法律；（13）审议并通过有关国家行政区域结构的法律；（14）审议并通过关于地方政府、司法制度、刑事责任、法律程序和法官地位的法律；（15）审议并通过有关大赦、宣战、缔结和平条约的法律；（16）审议并通过总统做出的有关戒严和紧急状态的法律；（17）根据总统的提议或15万名以上具有选举权的白俄罗斯公民的倡议，审议宪法修正草案、宪法解释草案或增补宪法草案；（18）根据代表院全体成员三分之一提议，并以三分之二的多数通过，共和国院全体成员以三分之二以上多数票通过，则可以罢免总统。

《白俄罗斯宪法》中关于罢免总统共规定了两种情形。一种是总统因犯罪被两院罢免，另一种是因为健康原因无法正常履行职务而被免职。

第一种情形，需要根据代表院全体三分之一以上的成员提议，代表院有权提出对总统叛国罪或其他严重罪行的指控进行调查。如果以全体成员三分之二以上的多数票通过，则提交给共和国院审议；如果共和国院全体成员的三分之二以上投票赞成该决定，则视为总统被罢免。但两院如未能在提起起诉之日起，一个月内决定投票通过，则视为驳回指控。如果因犯罪而罢免总统，应由最高法院审理。

第二种情形，需要根据代表院专门设立的委员会，做出总统由于健康原因长期不能任职的结论。并且，由其全体成员的三分之二以上多数票通过。之后，需要提交共和国院审议。如果，共和国院的全体成员的三分之二以上多数票做出赞同决定，那么，总统则被视为免职。此外，根据《白俄罗斯宪法》第 89 条的规定，总统职位空缺或无法正常履行其职责时，在新当选总统宣誓就职之前，其权力移交给总理代行。

根据上述《白俄罗斯宪法》中的规定，总统、代表院和共和国院等行使国家权力的主体间，是存在着一定的权力制衡关系的。

虽然，宪法中规定了总统可以中止代表院与共和国院的权力。但是，必须建立在它们违反相关条款的基础上。例如连续两次拒绝信任政府、连续两次拒绝同意总理的任命，以及被宪法法院判决违反宪法等。之后，总统有权根据宪法第 84 条第 2 款的规定，决定共和国院的常规和非常规选举。但值得注意的是，根据宪法第 94 条规定，在总统任期的最后 6 个月内、总统免职的程序中，以及紧急和戒严状态下，不能解散两院议会。此外，从第一次会议开会之日起，一年内不得解散两院。

关于两院议员的不可侵犯，宪法中规定两院议员在其任职期间，除犯有叛国罪或其他严重罪行，并在犯罪现场被拘留外，必须获得其所属议院的同意才能被逮捕。并且，他们所涉刑事案件必须由最高法院进行审理。此外，关于共和院国代表的召回，根据《白俄罗斯选举法典》的规定，必须要经过其选出单位。

关于议会两院对总统权力的制约，根据《白俄罗斯宪法》中的规定，总统需要征得共和国院同意后才可以任命总理、中央选举和全民公投委员会主席、总检察长、国家银行行长、最高法院院长、最高经济法院院长以及相应法官。总统需要经过代表院（下院）同意才能任命总理、宣布全国或单独地区进入紧急状态等。此外，宪法中还明确规定颁布法律、发布宪法修正案、增补宪法及其解释、批准公共预算和执行情况报告、改变总统和议会两院的选举程序、限制公民的宪法权利和自由等权力不允许下放给总统。

但如果从权力运行的动态角度分析，其实总统的权力早已脱离了其他权力主体的制约。

关于总统对共和国院的制约。根据宪法中的规定，共和国院本身的64名成员中，有8名是总统直接任命的，另外56名由全国六州一市的立法机构选举产生。[①] 但在实际权力的动态运行过程中，共和国院代表的产生受到总统权力的双重制约。

第一重是总统通过国家中央选举和全民公投委员会在共和国院代表的直接产生程序上进行制约。根据《白俄罗斯宪法》第71条规定，全国六州一市的立法机构选举是由选举委员会保证选举的进行。从静态的条文规定来看，中央选举和全民公投委员会是一个独立机构，成员12人，任期5年。候选人由各州议会、明斯克市议会，以及相关执行委员会推荐，且不能为政党成员（备注：如果政党成员被选中，那么就必须中止其政党职务）。根据宪法中的规定，12名委员中由总统直接任命6名，[②] 其余6名由总统和上议院商议后在各地推荐的候选人中决定。宪法中还规定总统有权直接解除中央选举会主席及其成员的职务，不需要与任何机构商议，也不需要经过任何机构的同意。因此，从动态的权力运行来

---

① “Конституция республики беларусь” – URL：http：//www. pravo. by/pravovaya – informatsiya/normativnye – dokumenty/konstitutsiya – respubliki – belarus/.

② 《Избирательный Кодекс Республики Беларусь》Принят Палатой представителей 24 января 2000 г. Одобрен Советом Республики 31 января 2000 г.

看，中央选举和全民公投委员会的全部成员都必须根据总统的意志来工作。客观上，将总统权力投射到了六州一市立法机构成员和共和院议员的选举工作过程之中。

第二重是总统通过控制各级立法机构议员的选举，间接制约共和国院议员的产生。根据2000年白俄罗斯出台的选举法[①]中关于白俄罗斯各州、市、基层选举规定，候选人可以是年满18周岁的本国公民或常住在白俄罗斯的俄罗斯公民。根据该法典规定，在相应议会中有席位的政党，可以直接提出候选人名单。此外，候选人也有两种方式自荐。首先，有150名、75名、20名雇员以上的劳动集体，分别可以推举州级、市级和农村基层级的候选人，单个集体推选的候选人在每个选区仅限一名。[②] 其次，就是候选人自己收集选民签名参与竞选。参加明斯克市和州级竞选，至少需要收集150个选民签名。一般城市和州级市，则至少收集75个。参与乡镇议会选举，则需要收集不少于20名选民的签名。选举方式是由相关选举委员会以平等原则分单一选区进行，选区间选民人数差异通常不应超过10%。一轮选举，以简单多数制原则获胜。但在实际操作中，通常当选的基本都是支持总统卢卡申科

① 《Избирательный кодекс Республики Беларусь》, принятый в 2000 году. Кодекс состоит из10 разделов, 29 глав, 156 статей.

② 《Избирательный Кодекс Республики Беларусь》Принят Палатой представителей 24 января 2000 г. Статья –64.

的自荐候选人。

以 2018 年白俄罗斯六州一市的议会选举为例。明斯克市共选出 57 名议员，其中 40 名为支持总统卢卡申科的自荐候选人。明斯克州共选出 60 名议员，其中 58 名为自荐候选人。莫吉廖夫州共选出 55 名议员，其中 54 名为自荐候选人。格罗德诺州和戈梅利州同样都选出了 60 名议员，其中均有 53 名为自荐候选人。维捷布斯克州共选出 60 名议员，其中 58 名为自荐候选人。布列斯特州共选出 57 名议员，其中 54 名为支持总统卢卡申科的自荐候选人。① 由于推荐候选人的政党必须在相应的层级具有议席，而不是议会党有权在全国范围内推举各级议会候选人。因此，议会党在地区的发展受到了极大限制。2018 年，白俄罗斯全国 18110 个地区议员中 17652 名不是政党成员，458 名是政党的成员。其中支持总统卢卡申科的共产党与劳动和公平共和党分别获得 309 个和 125 个席位，只有 4 名自民党成员为反对派。② 因此，在实际权力的运行过程中，共和国院的权力是被总统牢牢掌控的。

关于总统对代表院的制约。根据宪法中的规定，代表院的 110

① Центральная комиссия Республики Беларусь по выборам и проведению республиканских референдумов: Сведения о составе избранных депутатов местных Советов депутатов двадцать восьмого созыва.

② Центральная комиссия Республики Беларусь по выборам и проведению республиканских референдумов: Сведения о результатах голосования по выборам депутатов Палаты представителей Национального собрания Республики Беларусь шестого созыва 11 сентября 2016 г.

名成员在国家中央选举和全民公投委员会的主持下，由全国选民直接选举产生。① 但在实际权力的动态运行过程中，代表院议员的产生同样受到总统权力的双重制约。

首先，代表院的选举同样是在中央选举和全民公投委员会主持下进行的。其次，根据《白俄罗斯宪法》的规定，代表院的候选人需要是年满 22 岁的白俄罗斯公民，且需要经常居住在该国境内。根据白俄罗斯的选举法典规定，政党可以直接在各选区内推举自己的候选人，但每个选区只能推举一个。② 最后，候选人也可以自荐，共有两种方式。其一，有 300 名雇员以上的劳动集体可以推举候选人，但每个选区只能推举一个。其二，在其选区内收集 1000 个以上选民签名，可成为自荐候选人。选举方式为全部选区制，将白俄罗斯全国分为 110 个选区，选区间人数相差 10% 以内，以简单多数制选出。虽然《白俄罗斯选举法典》中规定了议会候选人可以由政党提出，但是在中央选举和全民公投委员会的主持下，最终当选为代表院议员的基本都是支持总统卢卡申科的自荐候选人。例如：2016 年的议会代表院选举中支持

① Центральная комиссия Республики Беларусь по выборам и проведению республиканских референдумов: Сведения о результатах голосования по выборам депутатов Палаты представителей Национального собрания Республики Беларусь шестого созыва 11 сентября 2016 г.

② 《Избирательный Кодекс Республики Беларусь》Принят Палатой представителей 24 января 2000 г. Статья – 62.

总统卢卡申科的无党派人士获得了 94 个席位，在代表院中占据了绝大多数。[①] 因此，在权力的实际运行过程中，代表院的权力也是被总统卢卡申科牢牢掌控的。

在白俄罗斯的各级行政长官的人事任免方面，总统权力有着无可挑战的决定性作用。根据宪法的规定，其国内的一切关键行政长官均由总统任命产生的。其中包括明斯克市长、各州州长、副总理和各部部长，不涉及任何选举方面的问题。[②] 部分学者认为，这是导致白俄罗斯国内政党活动孱弱无力的关键客观因素。

关于总统选举，根据白俄罗斯宪法规定，全国选民中有一半以上参与则总统大选有效。如果第一轮一半以上参与投票的选民投票支持某位候选人，那么这位候选人则被视为胜选。如果第一轮没有候选人的得票率超过 50%，则将在两个得票率最高的候选人之间进行第二轮选举。在第二轮选举中，获得多数票者当选。[③]

白俄罗斯在宪法中规定候选人需要是 35 岁以上的本国公民，并且在境内连续居住超过十年，需要组建一个由 100 名以上公民组

① Центральная комиссия Республики Беларусь по выборам и проведению республиканских референдумов: Сведения о результатах голосования по выборам депутатов Палаты представителей Национального собрания Республики Беларусь шестого созыва 11 сентября 2016 г.

② "Конституция республики беларусь" – URL: http://www. pravo. by/pravovaya – informatsiya/normativnye – dokumenty/konstitutsiya – respubliki – belarus/.

③ "Конституция республики беларусь" – URL: http://www. pravo. by/pravovaya – informatsiya/normativnye – dokumenty/konstitutsiya – respubliki – belarus/.

成的竞选团队。[1] 候选人必须收集不少于 10 万名选民签名，并规定中央选举委员会必须抽取确认 20% 以上的选民签名。

白俄罗斯总统自 1994 年当选以来连任至今，再加之拥有上文中对国家权力全面掌控的关键手段，在总统大选中几乎已经没有了实际意义上的竞争对手。

第二节　逐渐走弱的政党政治

白俄罗斯的多党制始于苏联晚期。1990 年 10 月，苏联出台了《社会团体法》，该法的序言中提到根据苏联宪法和世界人权宣言，结社权是个人与公民不可剥夺的权利。苏维埃国家保障公民以自愿原则结社参与社会政治活动的权力和自由，并且在不违反本法规定的原则下承认在本法颁布之前已经成立的社团组织。各社团宪章注册由苏维埃司法部进行，被拒绝登记的救济方式是向苏联最高法院提起诉讼。[2] 以此为基础，白俄罗斯开始实行多党制。

---

① 《Избирательный Кодекс Республики Беларусь》Принят Палатой представителей 24 января 2000 г. Статья – 61.

② “Закон СССР № 1708 – 1 Об общественных объединениях от 09. 10. 1990 г. ”, http：//legalacts. ru/doc/zakon – sssr – ot – 09101990 – n – 1708 – 1 – s/.

1991年3月，白俄罗斯司法部正式开始接受国内政党和社会团体的注册。白俄罗斯各种各样的政党纷纷成立。1994年3月，白俄罗斯宪法第四条正式规定在政治上要坚持发展多党制。[①] 同年10月，卢卡申科当选总统后正式出台了第一部《政党法》，将政党注册的最低人数条件从之前苏联法案规定的100人增加到了500人，政党注册费提高了五倍，并且明确规定一切白俄罗斯的国有企业及组织禁止对政党进行经济帮助，只允许私人对政党进行经济支持。[②] 根据当时的会议记录，卢卡申科曾提出了更多加大政党注册难度的条款，但被最高苏维埃否决。[③]

1991—1994年间，白俄罗斯总共注册成立了21个政党。这些政党在组织规模和政治实力等方面参差不齐。其中，影响比较大的是以下六个。

第一个是“白俄罗斯共产党人”党（Партия коммунистов Белоруссии），成立于1991年。“八·一九”事件后，白俄罗斯共产党被最高苏维埃禁止一切活动。一些原共产党的干部为了在国内继续合法参与政治活动，成立了新的“共产党人”党并于12月

① “Конституция Республики Беларусь от 1994 г.”, http://www.rec.gov.by/sites/default/files/pdf/constitution.pdf/.

② “Закон Республики Беларусь О политических партиях от 5 октября 1994 г. № 3266 - XII”, http://www.pravo.by/document/?guid=3871&p0=v19403266.

③ “Постановление Верховного Совета Республики Беларусь от 5 октября 1994 г. №3267 - XII О введении в действие Закона Республики Беларусь О политических партиях”, http://www.levonevski.net/pravo/razdel4/num2/4d2175.html.

正式注册。该党继续坚持马列主义，在1994年大选前有3000多名党员，是当时白俄罗斯最大的政党。

第二个是白俄罗斯统一民主党（Объединенная демократическая партия Беларуси），成立于1990年11月，注册时间是1991年3月。该党大部分成员是从白俄罗斯共产党中脱离出来的，在政治上主张建立民主社会主义国家，反对苏联时期的极权统治。

第三个是"人民阵线"党（Белорусский Народный Фронт），1988年成立于立陶宛，1993年正式注册，成立时党员约1200人，是白俄罗斯1994年总统大选前第二大政党。该党倡导政治民主化，主张全面向西方学习。正因如此，它得到了西方国家的支持。

第四个是白俄罗斯农业党（Аграрная партия Белоруссия），1992年成立，成立时有党员900人，在1994年总统大选前是影响力较大的政党之一。它的部分成员为原共产党员，支持社会主义、集体主义，认为土地是最重要的生产资料，农业是国家发展的支柱和基础，应当捍卫"农民集体"的核心利益，反对自由经济将土地作为一般商品进行自由买卖。

第五个是社会民主党（"人民大会"）[Беларуская сацыял – дэмакратычная партыя（Народная Грамада）]，其部分成员为民主主义和自由主义的倡导者，支持向西方学习，发展社会民主。

第六个是白俄罗斯人民同意党（Партия народного согласия），成立于1994年，主张白俄罗斯走自由、民主的政治道路。

除此之外，1995 年以后，白俄罗斯还不断有新的政党出现。

1994 年总统大选之前，根据对苏联模式和西方模式的亲疏不同，白俄罗斯的政党大体上可以分为左右两大类。1994 年总统大选后，尤其是 1996 年卢卡申科修宪扩大总统权力以后，白俄罗斯的政治运作的内容几乎都是围绕总统展开的。另外，无论是左翼政党还是右翼政党，它们的政治观点、组织结构和影响力都随着时间推移和国内外环境的变化而变化。因此，1996 年以后，白俄罗斯政党主要是以“亲总统派”和“反对派”来分类。

白俄罗斯的反对派活动空间和影响力都很有限。1994 年 10 月，卢卡申科当选总统后不久，通过了《政党法》，提高了成立政党的门槛。据此，24 个政党在司法部重新注册。早在 1994 年之前，为了参加 1995 年的最高苏维埃选举，许多社会团体都想转变成政党，向司法部提交了政党注册的申请。然而《政党法》颁布后，许多有意向注册的社会团体都未能达到注册标准。只有白俄罗斯爱国党（Белорусская патриотическая партия）、白俄罗斯人民党（Белорусская народная партия）、白俄罗斯社会主义运动党（Белорусская социально - спортивная партия）和白俄罗斯公民党（Гражданская партия）最后注册成功。

1995 年 5 月，在全民公投前，白俄罗斯举行了第一次最高苏维埃选举。根据 1994 年宪法，最高苏维埃有代表 260 名，至少选出三分之二以上才能组成。但由于与全民公投事件冲突，5 月 14

日进行的第一轮投票只选出了119名代表，一些人因涉及腐败问题而失去了当选资格。5月28日、11月9日、12月10日，最高苏维埃又进行了三次代表选举，最终选出了198名代表，其中有政党背景的104名。在有政党背景的代表中，“共产党人”党44人，白俄罗斯农业党34人，“人民同意”党8人，白俄罗斯公民统一党8人，“全白俄罗斯人统一和同意”党、社会民主党（人民大会）各2人，农民党、自由民主党、人民党、“为了劳动和公平的共和”党、爱国运动党、劳动党各1人。反对派在议会中获得了多数席位，因而遭到了总统卢卡申科总统的抵制。

从这里我们可以看出，在这届最高苏维埃中，支持总统卢卡申科的政党力量并不占优，反而反对总统的政治势力占据了较多席位。但鉴于白俄罗斯总统影响力较大，导致反对派政党的活动空间和影响力极其有限，在国家的政治生活中并没有造成实质性的影响。

1999年1月总统卢卡申科为了进一步在政治上压制议会中反对党，签署了《关于管理政党、公会、社团组织的一些措施》的总统令。[①] 根据这项法令的规定，白俄罗斯当时存在的所有政党必须在当年2月1日至7月1日之间进行重新注册（后延到8月1

---

① “Декрет президента Республики Беларусь №2 О некоторых мерах по упорядочению деятельности политических партий, профессиональных союзов и общественных объединений. 26. 01. 1999 г. ”, http：//pravo. kulichki. com/zak2007/bz41/dcm41608. htm.

日)。在规定期限内未完成重新注册的政党，将被取消合法政党的资格。另外，政党重新注册成员人数的最低门槛从 1994 年规定的 500 人提高至 1000 人。当时，白俄罗斯全国有 28 个政党，其中 18 个政党同意重新注册，[①] 17 个政党重新注册成功，“白俄罗斯健康思想”党（Партия здорового смысла）由于未达到人数要求，没能重新注册成功。从“白俄罗斯人民阵线”党分离出来的基督保守党（Консерв-ативно – христианская партия – БНФ）则在同年 11 月顺利重新注册。最后，在 1999 年注册的 18 个政党中，支持卢卡申科的有 6 个，即农业党、爱国党、自由民主党、社会主义运动党、“为了劳动和公平的共和”党、白俄罗斯共产党。

1999 年 11 月，白俄罗斯国民会议根据上文的总统令，通过了新的《政党法修正案》。[②] 根据这个修正案，政党名称中禁止有人民、国家等字样。进入 21 世纪后，卢卡申科在白俄罗斯政坛的地位越来越稳固，越来越多的政党开始支持他。由于早期在竞选总统和在与最高苏维埃争夺权力时，几乎没有得到政党的任何实质性支持，卢卡申科对政党一直不是十分信任，这突出表现在议会两院有政党背景的议员的减少。

---

① Ракава А. У. , Сучасныя палітычныя партыі ў Беларусі, *Весці НАН Беларусі.* №3, 2001г.

② Закон РБ № 327 – З. О внесении изменений и дополнений в Закон Республики Беларусь О политических партиях от 5 октября 1994 г. , от 29. 11. 1999 г.

2000 年，在总统大选前先进行了议会选举，全国 61.08% 的公民参与了选举。根据新修订的选举法，白俄罗斯国民议会选出了 110 名议员。议会选举的结果是在 110 个席位中，94 个席位被支持总统卢卡申科的无党派人士占据，有政党背景的只有 16 名。在他们之中有 15 名是亲总统政党的成员，支持总统卢卡申科的共产党和农业党分别获得 6 席、5 席，而反对卢卡申科的党派只获得了 1 个席位。[①] 这也为 2001 年卢卡申科在总统大选中继续获胜连任做了政治铺垫。

2000 年至 2004 年间，白俄罗斯议会中有政党背景的议员仅占 16%，政党在议会的力量很弱，且几乎没有什么反对派的声音。此外，2004 年通过了新的宪法修正案，删除了总统任期不得超过两届的条款后，总统权力进一步得到了扩大。这也导致议会选举中反对总统的政治势力不断受到打击。在该年的议会选举中，98 个席位被支持卢卡申科总统的无党派人士获得，支持总统的三党中白俄罗斯共产党获得 8 个席位、农业党获得 3 个席位、自由民主党获得 1 个席位。[②] 反对派在议会中没有获得任何席位。

2006 年，已担任了两届总统的卢卡申科再次连任后，白俄罗斯的政党政治越来越呈现出“强总统、弱议会、弱政党和弱反对

---

① Центральная комиссия Республики Беларусьпо выборам и проведению республиканских референдумов: http://belaruselections.info/archive/2000.

② Центральная комиссия Республики Беларусьпо выборам и проведению республиканских референдумов: http://www.rec.gov.by/elect/ppns3/ppns3name.html.

派”的政治特征。

在2008年议会选举中，“共产党人”党获得6个席位，农业党获得1个席位，剩下的席位全部被无党派议员占据。[①] 在2012年的议会选举中，“共产党人”党获得3个席位，农业党、“为了劳动和公平的共和”党各获得1个席位，三党均为亲总统政党，无党派议员占总数的95%。[②] 由于白俄国内的政党政治极不发达，致使总统权力在白俄罗斯国内的政治生态中有着绝对的权威。

到2016年，白俄罗斯支持卢卡申科的主要有8个政党，分别为农业党、社会主义运动党、共产党、“为了劳动和公平的共和”党、自由民主党、爱国党、国家统一党以及“白色俄罗斯”党（Belaya Rus）。反对卢卡申科的政党主要有“人民阵线”、“团结公民”党、社会民主党（“人民大会”）、“社会民主人民同意”党、“公正世界”、基督教民主党、基督教保守党、“绿党”。但从整体上来看，不管是支持卢卡申科的政党还是反对他的政党，在白俄罗斯国家政治中影响力都很小。白俄罗斯国会两院中无党派人士占绝大多数，政党在国内政治中处于弱势地位。

① Центральная комиссия Республики Беларусьпо выборам и проведению республиканских референдумов：http：//www. rec. gov. by/sites/default/files/pdf/Elections – PPNS – Spis. pdf.

② Центральная комиссия Республики Беларусьпо выборам и проведению республиканских референдумов：http：//www. rec. gov. by/sites/default/files/pdf/Elections – PPNS5 – Itogi. pdf.

2016 年，白俄罗斯议会的选举结果是白俄罗斯共产党获得 8 个席位、爱国党与“为了劳动和公平的共和”党分别获得 3 个席位。此外，白俄罗斯自由民主党和国家统一党分别获得 1 个席位。其余 94 个席位均由无党派人士获得。①

白俄罗斯的主要政党基本形成于 20 世纪 80 年代末 90 年代初，当时白俄罗斯面临着社会变革和体制危机。在这种大背景下，许多社会团体的利益和诉求并没有完全和清晰地显现。各个政党虽然建立起来了，但是它们都无法吸引大部分的民众并引领他们朝既定方向发展。因此，白俄罗斯各个政党在国家政治中扮演的角色较为特殊，与其他国家政党的作用也有比较大的区别。社会对白俄罗斯政党在政治活动中表现的评价也常常是消极的，民众的支持率都比较低，最高的也不超过三成。1994 年以后，卢卡申科连续五届高票当选连任白俄罗斯总统，长期的执政使他的权力不断得到巩固。

第三节　白俄罗斯的政治发展趋势

白俄罗斯作为一个东欧国家，其今天的集中型政治发展道路选

① Центральная комиссия Республики Беларусьпо выборам и проведению республиканских референдумов: http: //rec. gov. by/ru/Elections – PPNS6 – Gol.

择似乎是可以预料的必然。当前，白俄罗斯本国学者认为，白俄罗斯在宪法中设置了总统、议会两院与司法检查系统三权分立的模式，在政体上与西方的民主政体并无区别。从经济社会发展的均衡度来看，甚至民主程度超过了西方。但是，有部分西方学者则认为白俄罗斯总统权力过大，且没有任期限制。这样无限期的连选连任，导致其国家经济捆绑在总统权力之下。此外，还有学者认为，白俄罗斯是个注重社会公平的国家，由于大量财富为国家所有，各项制度都依赖于国家的统筹和计划，其制度更接近于苏联式的社会主义制度，是较为成功的苏联制度的继承者。

恩格斯在《卡尔·马克思》一文中指出："政治斗争的中心始终是社会阶级争夺统治权的斗争。"① 人类政治的发展史正是不同阶级在打造最适合自身发展利益的历史。

原始社会时期，宗族和血缘势力是国家的经济主导阶级、统治阶级。无论是西方文明的古希腊，还是东方文明的古代中国，所规定的一切国家利益都是倾向于这一群体的，所有的规定都是为了维系宗族势力和血缘集团的。而奴隶社会时期，奴隶主代表着社会的经济主导阶级和统治阶级，所规定的一切国家利益都是倾向于奴隶主群体的。公元前 8 世纪—公元 5 世纪的斯巴达、希腊和

① 《马克思恩格斯选集（上）》（专题摘录），中国广播电视出版社，1992 年版，第 29 页。

罗马，其各项政治制度和法律制度的发展就佐证了这一观点。当时，斯巴达建立了基于公民内部严格平等和集体主义的“平等者公社”，贯穿公民的教育训练到日常生活的每个细节。全国的土地和奴隶平均分给“每个斯巴达公民”（不从事生产劳动的职业奴隶主军人），消灭了商品货币，土地不许买卖。斯巴达人在军营中按照集体主义原则生活，实行共餐制。但是，作为奴隶的皮里阿西人没有政治权利，希洛人甚至没有人身自由。雅典的梭伦（前638—前559年）对城邦制度进行改革，颁布了“解负令”，使每个“自由公民”（奴隶主）享有基本平等的政治权利，可参加公民大会选举官员，出席陪审法庭监督官员，并且给富人担任城邦高级公职的特权。平民得到了尊严，贵族保留了因财富而来的优势，使城邦势力达到了某种均衡。但是，奴隶和外邦人的利益并没有得到任何的保护。[①] 此外，修昔底德（约前460—前396年）在《伯罗奔尼撒战争史》中记载了伯里克利《在阵亡将士葬礼上的演说》中对雅典民主政治理想的概括：雅典政治制度的政权在全体公民手中，而非少数人手中。所有人在法律上都平等，每个人都有参与公共事务的平等机会。任何人只要能够对国家有所贡献，绝不会因贫穷而湮没无闻。[②] 但在事实上，雅典的民主非常狭隘，

① 普鲁塔克：《希腊罗马名人传》（上卷），商务印书馆，1990年版，第185页。
② 修昔底德：《伯罗奔尼撒战争史》，商务印书馆，1960年版，第130页。

政治权利仅限于公民，占人口多数的奴隶、外邦人和妇女均被排除在外。封建社会时期，封建地主代表着社会的经济主导阶级和统治阶级，所规定的一切国家利益都是倾向于封建地主群体的。这一时期，古代中国在税务上经常出现“地主豪强有田不赋”的现象，把税转嫁到贫民头上，致使贫民流亡，因此出现了各种均田薄赋的政治思想。而同时期的西方起初将各项利益都倾向于天主教廷，甚至将其经典、信条作为一切理论、法律和知识的依据，包括政治思想。当时，一切革命的社会政治理论基本都是神学异端。① 后来，又开始将国家利益集中于世俗王权和封建贵族一方。17 世纪，法国国王路易十四甚至宣称“朕即国家”。西欧严酷的封建压迫和资源掠夺，最终导致了资产阶级革命的爆发。

近代以来，社会主义和资本主义政治制度相继登上历史舞台。恩格斯曾言“代替教条和神权的是人权，代替教会的是主权国家。经济和社会关系的制定者由教会，改为以个人权利为基础的主权国家”。②

西方资本主义国家在文艺复兴、宗教改革和启蒙运动后开始兴起，提出了天赋人权、人人平等、自由意志、公平法治，以及政治的合法性源于被统治者的合意等基本民主权力思想。自 15—16

① 《马克思恩格斯全集》第 7 卷，第 239—242 页。

② 《马克思恩格斯全集》第 21 卷，第 546 页。

世纪开始萌芽，一直延续至今。但其核心问题是，在任何时期，资本精英都是社会的极少数，而资本主义制度本身的各项政治、经济、社会制度均是倾向于资产阶级的，如何能够将这些违背资产阶级利益的基本权利思想贯彻到底。

在资产阶级大行其道的同时，社会主义思想开始萌芽。从英国空想社会主义思想家托马斯·莫尔（1478—1535 年）完成著作《乌托邦》，借此提出没有共产制度就没有平等，反对共产制度让人变懒惰，圣西门、傅立叶和欧文宣传空想社会主义，社会主义思想在 20 世纪 30 年代，资本主义生产资料私有化与社会化大生产的矛盾引发西方世界经济的大萧条后蓬勃发展。

这一时期，西方社会的阶级对立空前尖锐，资本主义从自由竞争向垄断阶段过渡，劳动阶级受到的压迫前所未有。在政治学领域，出现了圣西门、孔德、托克维尔、密尔、戴雪、斯宾塞、拉斯基、狄骥、马克斯·韦伯等大量西方政治思想家。他们站在不同角度，均对资本主义制度提出了严重质疑。1821 年，圣西门在《论实业制度》中提出，封建制度崩溃后，由资本主义取而代之，而资本主义也终将走向衰亡，另一个更完善的社会制度必将出现。圣西门认为法国大革命只产生了新的奴役形式，即资本主义压迫型制度。恩格斯认为，这在 1802 年是极为天才的发现。

1835 年，托克维尔在《论美国的民主》中指出，美国的民主倾向于个人功利主义、利己主义，使每个人忘记了祖先、不顾后代，并与同时代人疏远。它使每个人遇事总是只想到自己，而最后完全陷入内心的孤寂。同时，批判了资产阶级民主忽略社会整体性的弊端。[①] 1854 年，孔德出版的《实证政治体系》中主张，政治学的研究从经验事实出发，指出个人的特性关系到社会，是社会最基本的经验事实。此外，还指出个人有利己本能，为满足本能需要置道德和公益于不顾。解决社会问题的途径，是消除个人本能的支配地位，妥善协调个人与社会，使二者相得益彰，从侧面抨击了资本主义的一味追逐利益、忽略社会公平的特性。约翰·斯图尔特·密尔（1806—1873 年）在《自传》中汲取了圣西门、孔德、托克维尔、洪堡等人的思想，反思功利主义那种冷冰冰的计算理性主义。他认为，功利主义虽对谋划和洞察力有利，但却巧妙地逃避了各种社会责任。同时，剥夺了作为人应有的快乐。1885 年，戴雪在《宪法法律研究导论》（雷宾南先生译为《英宪精义》）中区分出了议会主权、法律主权和政治主权，并指出民意、道德在政治上最高，是法律主权的源泉，却无任何法律效力，最终服从于法律。戴雪称英国在 1867 年、1884 年、1918 年三次放宽选举权，标志着集体主义时代到来，而非专制主义和个人功利主义。1876—1896 年，斯宾塞在其《社会学原理》三卷

---

① ［法］托克维尔著，吉家乐编译：《论美国的民主》，浙江工商大学出版社，第 106 页。

本中将社会与生物有机体进行了六项类比，得出了社会是一个由相互联系的各个部分构成的紧密整体。从结构运转的意义上去理解，要这个体系能够存在下去就必须满足它的各种需求。并指出，各部门需要协调运作，完成其应有的社会功能，而不是单一地去追逐某项利益的最大化，开启了结构功能理论的先河。

1886 年，狄骥在《社会劳动分工论》中指出人们有共同需要，通过分工产生连带关系，并通过共同生活和相互交换以满足需要。他反对法国《人权宣言》中的主权观念，认为国际法的主体不是国家而是个人，是以不同集团成员之间的连带关系为基础的，突出地宣扬了阶级合作、阶级调和等概念。1906 年，马克斯·韦伯在《新教伦理与资本主义精神》中将“资本主义的精神”定义为拥护追求经济利益的理想，指出若是只追求个人私利，试图以最小的努力赚取最大的利润，并以此支配他人，不能建立一个新的经济秩序。他提到，新教的教义——尤其是喀尔文教派，坚持理性地追求经济利益，借以提出“工作伦理”概念，本质上是注重经济的社会功能。[①] 但是，这些重视经济的社会功能的先进思想并没有得到当权资产阶级的足够重视，他们依旧盲目追逐利益，使国内和国际社会的矛盾日趋尖锐，最终导致了一战的爆发。

---

① ［德］马克斯·韦伯（Max Weber）著，彭强、黄晓京译：《新教伦理与资本主义精神》，陕西师范大学出版社，2002 年版。

1914 年，第一次世界大战爆发，维也纳均势体系被瓦解。1919—1922 年，“凡尔赛—华盛顿体系”确立。西方列强开始总结霍布斯、洛克、格劳秀斯、康德等人的思想体系，研究如何避免战争，但均较为理想化。如美国总统威尔逊提出“十四点”计划，准备建立一个可以维护世界和平的超国家组织，提出民族自决、自由贸易、国际组织等观念。西方的政治学者们也开始面对现实，从理性主义向功利主义、实证主义和实用主义转变。20 世纪后，政府对经济干预加强，政府行为研究开始成为政治学的主题。学者们开始从探讨国家“应该是怎样的”（应然）转变为说明现实政权“是怎样的”（实然），以及政权应如何运作，具体提出了“协调”与“合作”以及“秩序”和“安全”等口号，但无法从根本上解决资本主义社会价值趋利、逃避社会责任的核心矛盾。

1922 年，冲破了来自各欧洲资产阶级势力阻挠，苏维埃社会主义共和国联盟正式成立。同时，开启了西方资产阶级为了维护自身的统治和利益，对马克思主义的肆意抹黑和遏制的时期。

20 世纪 30 年代，德国经济瘫痪、美国证券市场暴跌，国际上法西斯主义、自由主义和共产主义冲突不断，构成了两次大战间歇期的综合征。

1939 年，卡尔在《二十年危机》一书中直指威尔逊理想主义是与现实脱节的乌托邦主义。第二次世界大战前夕，德国外部处于西方资产阶级列强的经济压迫下，内部处于资产阶级，尤其是犹太资本集团的趋利下，进而国内的法西斯主义者提出了“种族的优劣性”，声称“战争和冲突是高尚行为”，更“高级的文明”将由此确立。随后二战爆发。

不能否认，马克思主义从提出就阐释了资本主义的剥削本质，提出了剩余价值、抽象劳动和“商品拜物教”等核心理论思想。1923 年，卢卡奇（Szegedi Lukács György Bernát，1885—1971 年）在《历史阶级意识》中提出了物化理论。他指出，资本主义否定人的特殊意义、消除人与人之间的关系。时间空间化，资本否定一切不可计算的特殊性价值。但是在二战后，世界的两极格局形成，共产主义在西方遭到了抹黑和抵制，在苏联经历了异化。

客观来讲，世界上无论哪个国家，在政治上依然遵循着各项制度均代表着统治阶级利益这一客观规律。从各国的立法、税收、选举和社会普查方面都能清晰体现。既然国家的实际政治体制是由阶级利益主导的，那么所谓的总统制、议会制、两党制和多党制充其量只是实现国家治理的制度形式。

由此可知，当今的白俄罗斯的国家政治体制虽然表面上是总统下辖两院的总统制，但其本质上仍在追求劳动人民的社会公平，在免费教育和医疗的基础上，最高工资和最低薪酬的差距仍保持在四倍以内，且国有经济占国家总体经济的近七成。因此，在实质上追求的是制度公平。这种追求平等与公平的社会制度无疑将受到西方资本主义社会的攻击与干扰。

第三章　新经济体制的构建与经济发展

第一节　独立后的经济转型与《私有化法》

在原苏联加盟国中，白俄罗斯的经济基础是比较好的，其机械制造、冶金加工、电子激光和农业、畜牧业较之其他前加盟共和国相对发达一些。它地处东欧平原，气候温和，森林覆盖率达 35%，别洛韦日原始森林被誉为“欧洲之肺”。在苏联时期，白俄罗斯实行的是以公有制为基础的计划经济，其经济转型于戈尔巴乔夫改革之后开始启动，并在以后的发展过程中逐渐显现出自己的特点。

白俄罗斯与原苏联地区的其他国家一样，其经济转型也是从私有化开始的。1990 年 7 月，白俄罗斯部长会议通过了《关于在向市场经济过渡的条件下确保白俄罗斯苏维埃社会主义共和国国民经济稳定的紧急措施》[①]。根据该措施的规定，白俄罗斯共和国主权独立之后最迫切的任务是“尽快消除切尔诺贝利核事故的影响”，为稳定国民情绪和确保国民经济的可持续发展奠定基础。其次，白俄罗斯作为独立国家应该加速发展能够满足本国民生需求的工业和通用技术，为居民基础消费和生产服务方面的需求提供可靠保障。[②] 1990 年 11 月，白俄罗斯最高苏维埃做出对国有资产私有化的决定，具体方式是去国有化和私有化。所谓“去国有化”，指的是根据最高苏维埃和部长会议通过相关决议，由国家财产委员会负责将原国有财产竞拍，开放式出售公司的股票，由部长会议决定涉及国家核心利益的资产以及牵扯到公众广泛利益的资产是否需要进行私有化；由国家财产管理委员会决定一般性国有资产如何进行私有化，制定国有资产私有化的进度表。所谓“私有化”，指的是国有资产进行去国有化以后，具体的财产拆分以及向购买者转移股份的过程。当时，白俄罗斯国家财产委员会规定，将国有资产的 51% 以上的股权转让给非国有持有人，即为

---

① “Постановление Совета Министров Республики Беларусь от 07. 09. 1990 № 225 О неотложных мерах по обеспечению устойчивой работы народного хозяйства Белорусской ССР в условиях перехода к рыночной экономике,” http：//www. levonevski. net/pravo/norm2013/num71/d71649. html.

② “Постановление Совета Министров Республики Беларусь от 07. 09. 1990 № 225 О неотложных мерах по обеспечению устойчивой работы народного хозяйства Белорусской ССР в условиях перехода к рыночной экономике,” http：//www. levonevski. net/pravo/norm2013/num71/d71649. html.

完成了国有资产的私有化。在实际操作中，去国有化和私有化并没有被截然分开，常常被混为一谈。1990 年 12 月，为适应即将到来的市场经济，白俄罗斯出台了第一部银行法。①

在苏联解体之前，舒什科维奇（Шушкевич Станислав Станиславович）1991 年 6 月在白俄罗斯最高苏维埃第十二届代表大会的讲话中表示，白俄罗斯最正确的经济发展路线是发展以私有化为基础的自由市场经济。② 9 月，白俄罗斯最高苏维埃决定在原国有资产私有化程序之前，首先进行去国有化，但需要考虑以下两个问题。第一，国家整体经济运行的安全，具体分析所涉及的国有资产是否涉及国家安全和广泛的公众利益。第二，社会公平问题，所涉及的国有资产的哪一部分或者按什么比例进行去国有化较为合理，必须保障全体公民利益，劳动集体③应当拥有优先购买权。

1991 年 7 月，白俄罗斯国家财产管理委员会宣布根据苏联的私有化法案开始推行私有化。但是，白俄罗斯共和国工业委员会向共和国最高苏维埃提出，私有化会导致国有资产流失和资产所

---

① Закон Республики Беларусь от 14 декабря 1990 г. №464 – XII "О Национальном банке Республики Беларусь," Закон утратил силу Банковским кодексом Республики Беларусь от 25. 10. 2000 г.

② Верховный Совет БССР 12 – го созыва 1990 – 1995 г.（Национальный архив Республики Беларусь. Фонд 968. – Оп. 4. – Д. Агитационные документы предвыборной кампании по выборам в Верховный и местные советы БССР）.

③ 劳动集体（Трудовой коллектив）是白俄罗斯去国有化和私有化过程中的主体。从劳动集体参与政治活动的可能性出发，劳动集体的这种组织权利最先出现在苏维埃选举法中，但白俄罗斯共和国的立法机关并没有对劳动集体给出具体的概念。

有权的不明确。8 月，白俄罗斯最高苏维埃宣布，没有经过白俄罗斯政府的同意，任何私自与苏联企业签订的合同（包括劳动合同）均为无效。9 月，白俄罗斯最高苏维埃要求将苏联在白俄罗斯境内的企业在 1992 年 1 月 1 日之前转为白俄罗斯国有资产。[①] 在具体实施去国有化方面，1991 年，白俄罗斯完成了 19 个大型国家级企业、42 个市级企业的私有化工作，白俄罗斯约 6000 个劳动集体以合同租赁的形式收购国有企业，国有资产大量向劳动集体转移。

1992 年，白俄罗斯完成了 189 个企业的私有化。此时，白俄罗斯所进行的私有化，是指通过私有化出售股权的手段，使原国有资产中私有部分的股权超过 51%，资产的控制权由国家转向“非国家”的所有者，即个人、集体或者公司。私有化则是指通过一系列手段，使原国有资产向私有资产的转变。

白俄罗斯在这两年中按照苏联法案进行的去国有化和私有化主要存在三个问题。

第一，1991—1992 年，白俄罗斯并没有制定自己的相关法案。在国家资产去国有化的过程中，缺少基本的立法框架基础和所有制变革应有的合法程序基础，在操作过程中出现较多程序上的漏洞。

① “Постановление Совета Министров РБ № 343 от 04. 09. 1991г. ”, http: // www. lawbelarus. com/084596.

第二，在去国有化过程中，白俄罗斯只允许使用资金回购国有资产，减缓了随后推行的私有化的进度；没有审查回购者之后的生产经营计划和实际收购目的，又导致了较多徇私舞弊现象的发生，对经济的健康发展造成许多消极影响；国有企业被私营者收购之后能不能可持续发展，相关部门也没有做出较为负责的评估，给后来的经济混乱埋下了隐患。

第三，在国有企业经资产回购改造成股份公司或有限责任公司过程中，政府缺乏合理的资产评估体系和有效的秩序监管系统，产生了大量寻租和投机行为。

1992 年初，苏联货币体系崩溃后，白俄罗斯决定引入票息系统作为国家的临时货币系统。随后，国家银行开始发行“清算票”（Расчётные билеты），官方汇率是 10 苏联卢布一张。

1993 年 7 月，苏联卢布开始退出流通，白俄罗斯卢布成为该国唯一合法的货币。当时，白俄罗斯官方发行流通纸币的面额有 10、20、50、100、500、1000、5000、10000、20000、50000 和 100000 卢布。当时，基础汇率被定为 10 苏联卢布兑换 1 白俄罗斯卢布。

此外，值得注意的是，1993 年 9 月，哈萨克斯坦、亚美尼亚、俄罗斯、乌兹别克斯坦和塔吉克斯坦签署了关于建立新型卢布区的新协议，但这一想法并未得到发展，白俄罗斯卢布仍然是本国货币。

1993 年 1 月，白俄罗斯最高苏维埃正式通过了《白俄罗斯共和国国有资产非国有化和私有化法》（以下简称《私有化法》），启用了白俄罗斯自己的私有化方案。根据该法案，1993—2000 年间，白俄罗斯将不涉及国家核心利益的国有资产和企业进行私有化，规模余额占整体经济的三分之一，另外三分之一涉及国家主权、领土安全、国防、公共健康、环境保护、宝石和贵金属以及垄断性的水电行业的国有资产没有被列入私有化的名录。需要去国有化和私有化的企业的资产划分为有偿的资金收购部分和无偿的国家分配部分，各占 50%。有偿部分需要以现金支付或者劳动集体以租赁国有企业获得的纯利润回购的方式进行私有化，无偿部分则根据相关法律具体分配给白俄罗斯居民。私有化需要在保障公民基础利益的前提下循序渐进地进行，为劳动集体的劳动者提供必要的社会保障。[①] 这一方式导致劳动集体在国有资产收购的过程中处于绝对优势，其他组织和公民在国家资本去国有化中很难获得与劳动集体平等的权利。劳动集体在白俄罗斯社会中一直扮演着重要的社会角色。劳动集体（Трудовой коллектив）根据白俄罗斯共和国 1996 年宪法[②]和 2004 年宪法[③]的第 69 条中关于选举

---

① “Закон Республики Беларусь от 19 января 1993 г. №2103 – XII О разгосударствлении и приватизации государственной собственности в Республике Беларусь” – URL：http：//www. pravo. by/document/？ guid = 3871&p0 = v19302103.

② Конституция Республики Беларусь действует Конституция 1994 года с изменением и дополнением，принятым на республиканском референдуме 24 ноября 1996 года. Ст. 69.

③ Конституция Республики Беларусь действует Конституция 1994 года с изменениями и дополнениями，принятыми на республиканских референдумах 24 ноября 1996 г.，и 17 октября 2004 года.. Ст. 69.

的规定，赋予了他们提名议会选举中候选人的权利。而且，根据2000年1月代表院通过的白俄罗斯选举法[①]中的第63条[②]，劳动集体被赋予与政党集体平等的参与政治活动的权利。

白俄罗斯政府在进行私有化的具体方式上，决定依托市场经济通过发行私有化证券来进行。1993年7月，白俄罗斯最高苏维埃通过的《白俄罗斯私有化证券法案》（以下简称《私有化证券法》）规定，国有财产无偿分配的部分通过私有化证券的形式进行。公民通过在私有化部门登记个人信息获得两种私有化证券，一种是房屋私有化证券，另一种为财产私有化证券。关于房屋的私有化，白俄罗斯国家公务员、军队人员、教育事业职工、医疗事业职工等具有白俄罗斯国籍的常住居民，可以在当地私有化相关部门登记，无偿领取国家分配的房屋私有化证券。

根据白俄罗斯国家财产管理委员会的统计，1993—1994年白俄罗斯证券私有化了251个大中型企业，其中51个是国家级别的大型企业，占到总量的20.3%，包括明斯克最大的纺织厂、最大的工程机械生产厂。当时有这样的说法：白俄罗斯虽然暂时的经济情况不太好，但40%的居民都拥有了股份证券。[③] 而当时的美国

① Избирательный кодекс Республики Беларусь 11 февраля 2000 г. № 370 – З. Одобрен Советом Республики 31. 11. 2000 г.

② Избирательный кодекс Республики Беларусь 11 февраля 2000 г. № 370 – З. Ст. 63.

③ “Приватизация в Республике Беларусь,” http：//mirznanii. com/a/251655/privatizatsiya – v – respublike – belarus.

和德国居民拥有股份证券的比例分别仅占12%和16%。白俄当局认为这是白俄罗斯经济改革的一大进步，股份证券使白俄罗斯有了更加广泛的集体工业基础。但事实上，白俄罗斯私有化时期的股份证券与西方国家民众的股票有着本质上的不同，因此并不具有可比性。

1994年，白俄罗斯国家财产管理委员会发行了占私有化资产总量22.4%的私有化证券。由于对单个法人持有股票采取的限购政策，仅有5.6%的国有资产完成了私有化。4月起，政府开始向本国公民发放有记名的私有化证券，每一个公民都有资格申请私有化单据以及在国家储蓄银行开设证券账户。根据1994年宪法，白俄罗斯的国家核心权力仍掌握在最高苏维埃手中，而最高苏维埃主张在白俄境内以最快速度全面推进私有化。为了加快私有化的进程，最高苏维埃通过决议进一步简化去国有化和私有化的程序。同年，为简化有价证券私有化的法律规定，在证券法中取消了“证券以打印的纸质形式，由银行发行并盖章确认”的规定。这一期间白俄罗斯国内的私有化还是以“资金收购”和“劳动集体租赁合同收购”为主，可以说政策严重倾向于有政治资源的群体。

白俄罗斯国内的这种经济所有制形式和制度环境的改变，导致其经济的管理方式和国家对经济活动的调控形式均发生了直接变化。这一期间白俄罗斯国内开始大面积利用私有资本对国有资产进行回购，这种私有化类似于俄罗斯曾进行的经济“休克疗法”，在理论上是以“破坏旧的经济”为原则为创造新的经济制度制造土壤。然而，实施这些过程的经验表明，这种方式破坏性较大，成本较高，而且容易在社会中造成严重的货币贬值、经济动荡和大面积贫困。

白俄罗斯 1991—1994 年的经济数据也表明，这一时期白俄罗斯的国家经济呈现出严重的不稳定性，也被称为白俄罗斯经济危机最深刻的时期。

1994 年下半年，在卢卡申科当选总统后，白俄罗斯政府进一步明确地将国有资产分为“有偿转让”和“无偿转让”两部分进行私有化，各占 50%。其中，有偿部分为单纯的外部资金购买股份和劳动集体以租赁承包的形式签合同进行收购，而无偿部分按照白俄罗斯去国有化和私有化的相关法案真正无偿分配给每个白俄罗斯公民。但是，整体上来讲，私有化的过程仍然缺乏有效监管。

白俄罗斯总统卢卡申科与最高苏维埃的主张相反，在其 1994 年当选总统以后，他开始下令减缓国内私有化的进程，主张把国内经济工作重点放在白俄罗斯社会、民生等方面，以应对危机并且全面恢复与俄罗斯、乌克兰等独联体国家的经济联系为主要目标。他提出，国内目前的经济状况十分困难，白俄罗斯人民需要的不是全面私有化，而是要获取哪怕是很有限的物质经济保障。他们需要主动参与到世界经济中去，把白俄罗斯变成真正的世界经济主体。卢卡申科还强调，自白俄罗斯独立以来，经济领域的发展和技术积累显著降低，无法持续生产适应市场的高质量、有竞争力的产品，经济后续发展能力明显欠缺。白俄罗斯虽然发行了私有化证券，但是私有化证券的兑换使用率极低。不仅如此，与其他发展中国家相比，白俄罗斯的大多数行业在组织结构上过于落后，组织和管理不符合现代化生产要求。这种状况如果持续下去，将无法保证白俄罗斯居民现有的基本生活需求，更不用说提高居民的生活水平了。

1995 年，按照白俄罗斯国家财产管理委员会的私有化规划，当年要对 500 家国有企业进行私有化，但受卢卡申科推行反腐政策的影响进展不大。卢卡申科认为，在去国有化和私有化过程中，制度的不完善使很多投机分子与公职人员勾结。不仅严重破坏国家的经济结构，威胁国家经济社会稳定，而且还影响了国家的科学和工业潜力。因此，必须要对进行去国有化和私有化的国有资产进行严格的审计，减缓去国有化和私有化的进程，要求被私有化的公司在国有基金私有化过程中，其投资的基金不得超过公司资产总量的 10%，并且禁止单个公司法人在国有企业的私有化证券中投资超过公司资产总量的 5%。为保障社会劳动公平，在大型国家级企业收购中，劳动集体收购的份额应该大于 1%，小于 75%。如果成立新的企业法人，雇佣的员工 75% 以上应为被私有化企业的原有员工。然而，在实践中，这些限制大大地影响了私有化的进度。最终，导致当年的国企私有化的目标只完成了 10% 左右。

1995 年国家财产管理委员会预计继续投入占私有化资产总量 20% 的私有化证券，但最终减少至 3.3%。[①] 另外，企业私有化证券逐渐贬值，转让相对困难，多数居民对持有企业私有化证券的兴趣逐渐下降。到 1995 年，仅有 30% 有权获得企业私有化证券的居民登记领取了企业私有化证券。截至 1996 年 7 月，74% 的白俄罗斯公民持有私有化证券，领取的证券总数目为 4.27 亿张。[②] 不仅如此，由于去国有化和私有化的基础规划不完善，以及政府对私有化的速度控制不当，白俄罗斯的私有化在开始的几年就出现了国家财产分配不均和生产力下降问题。

从 1991 年至 1995 年的经济数据来看，白俄罗斯的年国民总产值每年以 7%—9% 的速度下降。白俄罗斯独立后试图改变以公有制为基础的计划经济体制。但是，去国有化和私有化的措施在促进经济发展方面的效果不明显，与国有经济相比，私营经济明显缺乏作为引领国民经济发展的经验和能力。因此，去国有化和私有化不仅过程混乱，而且导致经济大幅度下滑。[③]

1995 年，白俄罗斯的 GDP 仅为 139 亿美元，陷入危机之中：生产不断下降，民众的生活水平下降，收入差别拉大，通货膨胀

---

① Таманин В. Л. “Сроки определены”, *Приватизация* №6, 1995 г.

② “Приватизация государственной собственности в Республике Беларусь”, http://mirznanii.com/a/251658/privatizatsiya–gosudarstvennoy–sobstvennosti–v–respublike–belarus.

③ “Стратегия реформирования белорусской экономики” – URL: http://pandia.ru/text/77/23/55090.php.

率和失业率上升。

1995 年，总统卢卡申科将国家经济发展的主要目标，由构建自由市场经济转向了发展保障性生产和改善居民生活。同时，白俄政府加大了对国内经济的监管和调控力度，叫停了大面积的去国有化进程。

1995—1999 年，白俄罗斯四次修改《私有化法》。其中，仅 1995 年就修改了两次。1995 年 3 月，为了稳定农产品供应，白俄罗斯最高苏维埃在《私有化法》的第一章第 23 条中增加了“劳动集体在原农业企业去国有化和私有化的过程中有绝对优先权”的规定。5 月又在第一章第 20 条中增加了“从事农业生产者的工资收入，需要计算通货膨胀因素，按照实际购买力价格支付”的规定。

第三次修改是在 1996 年 7 月，当时正处于最高苏维埃与总统之间权力竞争的白热化阶段。为了加快私有化的进程，最高苏维埃通过决议修改《私有化法》，简化了私有化的法定程序，规定只要不包含在被列为国有的“国有控股资产表”内的资产全部属于被私有化的对象。关于白俄罗斯公司企业法人注册人数中，原来规定的 75% 以上的员工必须为原被私有化企业劳动集体的员工，现在降为 50% 以上。①

① “Закон Республики Беларусь от 19 января 1993 г. №2103 – XII О разгосударствлении и приватизации государственной собственности в Республике Беларусь,” http: //www. pravo. by/document/? guid = 3871&p0 = v19302103.

白俄罗斯政府通过这些措施，自 1996—1998 年将国有资产的私有化工作完成总量从占国家总资产数的 14% 提高到了 20% 。[①] 然而，大量的国有资产迅速被私有化与总统卢卡申科竞选总统时所提出的发展集体性质市场经济的主张相冲突。1998 年 3 月，卢卡申科宣布暂停实施《私有化法》。[②]

此外，值得注意的是，1998 年的全球性金融危机严重影响了白俄罗斯的国家经济，白俄罗斯卢布持续剧烈贬值（根据西方金融学者的说法，当时白俄罗斯货币贬值超过近 1 万倍）。为解决货币严重贬值的问题，白俄罗斯央行发行了第二版卢布货币，将货币的兑换率调高 1000 倍，即原来的 1000 卢布能兑换新版 1 卢布，最大面值的 100000 卢布能兑换新的 100 卢布。但为了增加货币的购买能力，此次发行的货币中，将面值最大的纸币定为 20 万卢布，最小的为 10 卢布。

白俄罗斯《私有化法》的第四次修改是在 1999 年 4 月，国民会议通过决议将“必要时需要考虑之前与原苏联地区国家签署的国际条约”这一条款加入该法律。[③] 当时做出这样的修改，是因为

① Доклад о переходном процессе за 2011г. Кризис и переходный процесс глазами людей, Европейский банк реконструкции и развития, 2011.

② “Декрет Президента Республики Беларусь от 20 марта 1998 г. №3 О разгосударствлении и приватизации государственной собственности в Республике Беларусь”, – URL: http://www. minfin. gov. by/upload/depcen/acts/dekret_200398_3. pdf.

③ Закон от 4 января 1999 г. N 229 – 3, Ведомости Национального собрания Республики Беларусь, 1999 г., № 5 – 6.

考虑到共同抵御国际性金融危机时，白俄罗斯在与俄罗斯等独联体国家关于分割苏联时期的遗留财产达成了一些共识。其中最主要的提议就是部分独联体国家同意中止对部分苏联遗留财产的私有化，并将这部分财产归还给其原属国家（备注：主要是俄罗斯）。另外，修改后的《私有化法》还规定，被私有化国有资产的有偿购买和无偿分配不再由部长会议决定，而改为由总统决定。因此，修改后的《私有化法》大大地限制了白俄罗斯的私有化进程。

第二节　有限的经济市场化与《私有化证券法》的修改

根据联合国经济组织的定义，白俄罗斯的市场经济具有很强的过渡性特征，即市场配置仍高度依赖于中央计划。独立之初，白俄罗斯曾尝试过“休克疗法”，准备全面实行经济私有化。但在总统卢卡申科执政后，开始向有限的市场化经济发展。

白俄罗斯最初的经济市场化基础是1990年苏联最高苏维埃通过的《市场化转型基本方向》法案。根据该法案的规定，白俄罗斯将在之后的五年内实现国有资产的全部私有化，并发展自由市场经济。但由于当时整个苏联地区的国家都面临着苏联解体所导致的制度崩溃和经济混乱，这一法案在执行的过程中很快就开始失控，GDP 急速下降，社会物价飞速上涨，固定资产投资严重下滑，工业和农业生产遭受了巨大打击。1991 年至 1995 年，白俄罗斯的 GDP 分别是 192 亿、178 亿、168 亿、152 亿、139 亿美元，GDP 年均下降约 10%。[①] 1995 年，白俄罗斯的 GDP 仅相当于 1990 年的 65.3%。这一时期，白俄罗斯经济的主要产业构成是工业和农业。1995 年，白俄罗斯的农业 GDP 相当于 1990 年的 73.6%，工业 GDP 仅相当于 1990 年的 61.4%。[②] 1995 年，白俄罗斯国内市场上的商品价格与 1991 年相比平均上涨了 10 倍以上，居民的生活水平几乎下降了一半，整个国家都处于经济危机之中。面临着生产力急剧下降，民众的生活水平不断降低，居民收入差别拉大，通货膨胀率急速攀升和失业率居高不下等严重社会经济问题。

与此同时，白俄罗斯的经济市场化的基础——“国有资产私有化”的进程也十分缓慢。由于之前没有发展市场经济的经验，在历史上几乎没有实行过资本主义，导致其私有经济的发展举步维艰。虽然，早在 1991 年政府就已经开始大力推行国有资产的私有化，鼓励发展市场经济。但是，到了 1995 年，根据白俄罗斯经济部的统计，其国内私有企业（包括外资企业、合资企业）生产

① Кушнир И. В. Мировая экономика в таблицах и графиках, *Институт Экономика и Право*, 2010 г.

② “Проблемы переходного периода: 1991 – 2000 гг”, https://studopedia.org/14-21610.html.

的商品仅占国产商品总数的15%—20%。另外，根据劳动保障部门的统计，在市场化企业（备注：国有股份少于51%）和私营企业中就业的劳动者，占全国劳动者总数的10%以下。①

客观来讲，这一时期白俄罗斯整个国家的经济都处于一片混乱之中。

此外，这一时期白俄罗斯的国家银行系统也没有为发展市场经济进行彻底的体制性改革。虽然早在1990年12月，为适应即将到来的市场经济，仍为苏联加盟共和国的白俄罗斯就出台了第一部《银行法》。并且，在独立后于1992年、1994年和1995年进行了三次修改。但由于没有发展市场经济下银行体制的经验，导致改革后的银行在市场化职能方面依然十分有限。其中，1992年和1994年的两次《银行法》修改，仅在章程中将银行的职能从"服务于国家"改为"服务于国民经济"，甚至在全文中都没有将"私营企业"这一市场经济主体列为"服务对象"。确切地说，这两次的《银行法》修改，主要是为了解决国内的私有化证券发行以及兑换相关问题。其修改目的仅局限于使银行向"国家基金"的持有者提供服务，在本质上没有增添任何经济市场化的内容。1995年3月，《银行法》的第三次修改也与市场经济无关，仅仅是改变了国家银行最高理事

① Отчет об экономиках переходного периода, Европейского Банка Реконструкции и Развития, 1997 г. С. 14.

机构董事会的选任，董事会主席由原来的总统提名、最终由最高苏维埃任命改为只由最高苏维埃任命，并自然成为部长会议成员。从本质上，是为了配合国家权力结构的变化，反映了总统与最高苏维埃权力的激烈争夺。[①]

由此，我们可以看出，由于白俄罗斯没有出现过发达的资本主义经济，缺乏市场经济的经验，此时很难借鉴西方的管理经验。因此，这一阶段白俄罗斯所进行的一系列经济调整，虽然是为了适应国内外自由经济市场的条件和要求，可另一方面也存在着严重的行政干预和制约因素。白俄罗斯准备用市场经济替代计划经济，但替代的过程必然冲击之前的经济惯性，导致了生产的下降。

1996 年以后，白俄罗斯放弃了之前发展自由化市场经济的道路。卢卡申科在经济中建立了强有力的国家调控体系，不再进行价格改革，对去国有化过程及购买对象进行严格审查。这些举措对于稳定白俄罗斯的经济起了非常重要的作用，也得到了广大民众的支持。暂停无序的全面私有化之后，白俄罗斯对国有财产进行了统一调整，用制度去规范去国有化和私有化进程。在此之后，白俄罗斯逐渐强化经济中有利于吸引投资的领域。通过经济调控，白俄罗斯自 1996 年起停止了经济下降的势头，呈恢复性增长。

① “Закон Республики Беларусь от 14 декабря 1990 г. №464 – XII'О Национальном банке Республики Беларусь”, http：//pravo. levonevsky. org/bazaby/zakon/zakb1494. htm.

1996年白俄罗斯的GDP增长了4%。在这种情况下，白俄罗斯部长会议办公厅（Кабинет министров）于1996年通过的《有关吸引经济投资的国家规划》的决议提出，当前白俄罗斯经济危机的根源不是"正常转型衰退"的结果，而具有更深的根源。独立之初的国内经济水平下降，不完全是计划经济向市场经济转型造成的，而是由于苏联统一的国家经济综合体的破裂所造成的。[①] 1997年3月，白俄罗斯部长会议通过了经济部提交的《国家可持续发展战略》的政府决议。该决议提出，白俄罗斯需要促使粗放型计划经济向集约化经济发展。事实上，只有在计划经济制度下，国家管理机构才处于绝对的主导地位。但是，在新的市场经济制度中，不需要制定经济计划和管理经济的部门。国家需要做的只是对经济进行宏观调控，以非指令性的形式进行规划。计划经济中的许多部门在市场经济制度下是不必要的。为尽快适应新的经济制度和生产关系，白俄罗斯不仅要为市场经济创造必要的条件，而且需要解决一些遗留的复杂问题，消除经济过渡期出现的负面影响。[②]

2000年初，在白俄罗斯未来经济发展的模式上，其国内存在着

---

① "Постановление Кабинета Министров Республики Беларусь от 12. 07. 1996 № 457 О Национальной программе привлечения инвестиций в экономику Республики Беларусь", http：//www. levonevski. net/pravo/norm2013/num63/d63643. html.

② "Постановление Совета Министров РБ О Национальной стратегии устойчивого развития Республики Беларусь. № 255 от 27. 03. 1997 г. ", http：//naviny. org/1997/03/27/by68503. htm.

比较大的争论，核心问题就是是否应该全面发展自由化市场经济。

白俄罗斯的《私有化证券法》至2000年前经过了三次修改。1994年修改了两次，1999年修改了一次。1994年的修改主要针对因私有化的程序复杂而导致的进程缓慢的情况，简化了程序，打破了原私有化基本被劳动集体垄断的状态，使更广泛的人群参与到私有化的过程中。然而，大规模的去国有化交易导致了通货膨胀严重、贫富差距开始拉大，引发了民众的不满。

1999年，在《私有化法》暂缓实施后，《私有化证券法》被再次修改，将私有化证券的发行确认机构由“地方议会”改为“基层人民代表会议”，私有化证券的流通监管部门由“国家有价证券市场管理机关”改为“国家有价证券监督局”（Государственная инспекция Республики Беларусь по ценным бумагам），下放了私有化证券的管理权，合并了办事机关和检验机关，提高了办事效率，加速了证券的流通。尤其是加速了检验票据真实性的行政程序。

根据之前的《私有化证券法》的规定，白俄罗斯政府原准备在1999年7月1日结束证券形式的私有化阶段，[①] 但是私有化过程中被使用了的证券不到公民所持有证券总量的三分之一。因此，私有化证券的使用期限不得不延长。1998年下半年，白俄罗斯议

---

① Закон Республики Беларусь от 6 июля 1993 года Об именных приватизационных чеках Республики Беларусь, Ведамасці Вярхоўнага Савета Рэспублікі Беларусь, 1993 г., № 25.

会代表院取消了原有法律中的证券私有化结束日期的限制。

1999 年、2001 年和 2003 年，私有化证券使用的期限延长了三次。[①] 根据国家财产管理委员会统计，1993 年白俄罗斯发行了 4.27 亿张财产私有化证券，但到 2004 年才使用了 2.27 亿张，占发行总量的 53.2%。根据《今日白俄罗斯》（Белорусь Сегодня）的报道，2018 年白俄罗斯私有经济比重仍然没有达到 30%。2016 年 2 月，白俄罗斯部长会议将国内证券私有化使用期限延长至 2019 年 7 月。房屋私有化从 1992 年开始，本应在 2007 年结束，也被延长了五次，最近一次延长至 2017 年。

截至 2019 年白俄罗斯私有经济比重仍然没有达到 35%。然而，这一指标在中东欧国家和原苏联地区的其他国家至少为 60%，一般都为 80% 以上。[②]

第三节　高度对外依赖的国民经济

白俄罗斯的国民经济整体上对外部环境依赖较高。从独立至

① “Правительство Беларуси рассматривает возможность продления чековой приватизации”, https://www.nb.by/publikacii-novosti-nedvizhimosti/*853/.

② “Не частное дело”, https://www.sb.by/articles/ne-chastnoe-delo-spor.html.

今（1991—2020 年），白俄罗斯的对外贸易占其国民生产总值（GDP）的比重一直较大。其中，最低时为 1991 年的 57%，最高时为 2011 年的 112%。而且，2012 年之后，白俄罗斯国民经济对进出口贸易的依赖程度呈现出区间高位波动趋势（80% 以上）。1990—2019 年间，白俄罗斯的进出口贸易额增长了约 800 亿美元，其中 2012 年达到了最高点 925 亿美元，年均增速超过 20%。①

值得注意的是，白俄罗斯的国家经济仍属于计划型经济，有苏联时期计划经济管理的痕迹。从表面来看，在对外贸易中有时进口超过出口，有时出口超过进口。例如，在 2010 年之前白俄罗斯的进口额一直超过出口额。2010—2012 年，进口额低于出口额，2013 年后进口总额又再次向超过出口总额的方向转变。但是，从历年统计的具体数据分析，白俄罗斯每年的进口和出口总量在数额上较为均衡，一般差距都在 10% 以内。在一定程度上体现了政府对进出口贸易的较强管理能力。

此外，1998 年，白俄罗斯出台了由政府参与微观管理的《对外经济贸易管理法》。1999 年，白俄经济部门还公布了对社会经济具有重要意义的商品服务列表，将商品服务相关的经济产业划归

① https：//www. belstat. gov. by/ofitsialnaya – statistika/realny – sector – ekonomiki/vneshnyaya – torgovlya/graficheskiy – material – grafiki – diagrammy/vneshnetorgovyy – oborot – tovarami – respubliki – belarus/.

经济部门，进行直接管理和调控。[1] 这些立法和行政举措均表明，白俄罗斯在发展自由化市场经济过程中，国家和政府一直对经济发展进行着较为直接的微观关涉。

由于，白俄罗斯的经济对外部依赖性较大。且在关键的能源、资源等经济领域难以自给自足，需要与地区大国合作才能保持社会经济的持续稳定。因此，在面临全球或地区性经济危机时，抗风险能力相对较弱。通常，在世界性经济危机发生后，白俄罗斯国内的经济困难也随之加剧。

1998 年经济危机发生后的几年里，白俄罗斯国内的通货膨胀率非常高，2000 年达 168.6%，2001 年达 121%。

2000 年 5 月，为了抱团取暖度过金融危机，白俄罗斯加入了《独联体国家反垄断条约》，使其国内的经济产业与独联体国家的联系进一步加深。在条约内，独联体各国通过深度经济产业融合，相互开放各自原专属国家垄断经营的产业领域，极大地提升了地区内的经济流通性。为与之相配合，各国还相继出台了一系列关于完善经济体制的相关法律，力求使条约内的各国企业与本土企业实现权利平等。并且，还颁布了一大批有利于中小企业经验发展的相关政策。

---

① “Постановление Министерства экономики РБ № 163 от 30.11.1999 г. Об утверждении Перечня социально значимых товаров（работ，услуг），цены（тарифы）на которые регулируются Министерством экономики”，http：//pravo.levonevsky.org/bazaby11/republic47/text018.htm.

2004年11月，白俄罗斯政府为了进一步刺激经济发展，提高产品在独联体市场的竞争力，颁布了《国家外贸保护法》。根据该法律规定，国家将优先发展知识密集型、资源节约型商品的生产，并将优先发展出口导向型和进口替代产业。在该法律的基础上，白俄罗斯经济部门还决定要对国内经济进行结构性重组，引进先进技术和高性能机械，进一步开放经济市场。在国家和政府的努力下，2001年白俄罗斯的通货膨胀率下降到了46.1%，2005年下降到了8%。

2005—2007年，在经济形势不断向好的情况下，白俄罗斯政府决定大力吸引外资，扩大本土企业规模，以提升本土企业在国际舞台的竞争力和抗风险能力。2005年8月，白俄罗斯经济部发布了《关于制定商业投资计划》的行政令，[①] 决定利用全球化的趋势促进国民经济快速发展，增加外商直接投资和信贷。根据白俄罗斯政府统计，从2002年至2015年，白俄罗斯吸收了约1150亿美元的海外投资，几乎占白俄罗斯这一阶段年均GDP的两倍。其中，直接投资约为690亿美元，约占总投资量的60%。2006年2月，白俄罗斯经济部门又发布了《进一步削减商品成本》的行政令，要求在不影响国家社会经济发展的情况下，降低产品的生产

① “Постановление Министерства экономики РБ № 158 от 31.08.2005 г. Об утверждении Правил по разработке бизнес – планов инвестиционных проектов”, http: //pravo.levonevsky.org/bazaby09/sbor27/text27366.htm.

成本。[①] 除了计划经济转向市场经济中面临的产品竞争力问题，白俄罗斯还面临着银行产业向私有企业开放的转型。2007 年，卢卡申科总统发布了关于《批准白俄罗斯共和国经济中银行业的发展方案》的总统令，决定拓宽银行的服务范围，加大银行对私营经济的支持，争取在 2010 年之前完成拓宽银行面向私有经济服务范围的改革。[②] 在这些政策的刺激下，白俄罗斯确实吸引了一些外资投入。当时的外资来源主要是俄罗斯、英国和东欧国家。其中，俄罗斯联邦及其经济实体的投资约占 50. 3%，占外资总额的绝大部分。此外，英国约占 23. 5%，塞浦路斯约占 8. 1%。投资的主要产业有汽车维修批发零售业、机械维修批发零售业、工业、信息业，以及运输行业。[③] 其中，批发和零售业占境外投资的近三分之一（约为 32. 1%），运输、物流仓储、邮政和快递服务业约占 31. 4%。而在国家计划大力发展的工业企业方面，所吸引的投资仅占外资总额的 25. 4%。而且，投资主要来自俄罗斯。在对外投

① "Постановление Министерства экономики РБ. № 40 от 28. 02. 2006 г. Об отдельных вопросах выполнения основных целевых показателей прогноза социально – экономического развития Республики Беларусь в части обеспечения снижения доли материальных затрат в себестоимости продукции, товаров (работ, услуг)", http://www. levonevski. net/pravo/norm2013/num33/d33872. html.

② "Указ Президента РБ № 27 от 15. 01. 2007 г. Об утверждении Программы развития банковского сектора экономики Республики Беларусь на 2006 – 2010 г. " – URL: http://www. levonevski. net/pravo/norm2009/num12/d12461. html.

③ "Иностранные инвестиции в Беларусь — почему не поступают?" – URL: https://4esnok. by/analitika/inostrannye – investicii – v – belarus – pochemu – ne – postupayut/.

资方面，以 2007 年为例，白俄罗斯的对外投资主要是投往俄罗斯，占其对外投资总额的 51.8%，对英国的投资占其对外投资总额的 14.6%。[①] 因此，这些举措虽然表面上刺激了白俄罗斯的经济，但投资的方向都是热钱较多、资金流动较大的行业，在某种程度上反而加剧了白俄罗斯的金融风险。

2008 年国际金融危机爆发，白俄罗斯的国际收支和财政状况急剧恶化。2009 年，白俄罗斯的国内生产总值增长率仅为 0.2%，GDP 从 2008 年的 608 亿美元下降至约 492 亿美元。然而，通货膨胀率却高达 117.8%。总统卢卡申科为了降低金融危机对居民生活的影响，扩大了市场经济的自由度，加强了对民营企业的支持力度。截至 2009 年，民营企业的就业人数占全国总就业人数的 47.7%，比上年增长了近 5%。[②]

由于白俄罗斯在许多涉及国家核心利益和经济社会安全的经济领域保持了强有力的国家调控，金融危机并未导致严重的政治社会问题。根据白俄罗斯本国学者的看法，政治社会的稳定得益于国家的各项制度以及对国内一般商品供应的强大掌控能力，尤其

① “Иностранные инвестиции в Беларусь — почему не поступают?” – URL：https：//4esnok. by/analitika/inostrannye – investicii – v – belarus – pochemu – ne – postupayut/.

② 白俄罗斯共和国国家统计委员会：Национальный статистический комитет Республики Беларусь. – URL：http：//www. belstat. gov. by/ofitsialnaya – statistika/solialnaya – sfera/trud/godovye – dannye/raspredelenie – chislennosti – zanyatogo – naseleniya – po – formam – sobstvennosti1/。

表现在对农产品的管控方面。当前，白俄罗斯的农业依然以国营农场和集体农庄两种所有制形式为主，两者所占耕地面积为全国农田总面积的82%。因此，在金融危机的大背景下，白俄罗斯国内并未产生剧烈的经济社会动荡，基本形成了工业始终在发展、农业情况一直稳定、工资一直在持续增长的态势。

但整体上，白俄罗斯由于自身的经济活力不足，国家经济体量有限，因此在金融危机爆发后，恢复期仍是较长的。2010 年，白俄罗斯的 GDP 虽然有所回升，达到了 552 亿美元，但仍未恢复到 2008 年的经济水平。

2011 年 7 月，白俄罗斯经济部为了保障 GDP 的正增长，改变市场低迷的经济状况，决定制定和实施一系列刺激市场经济的价格调控政策，特别放宽了对部分民生领域的商品价格控制。至 2011 年底，根据白俄罗斯经济部的统计，该年的 GDP 达到了 597 亿美元，GDP 增长率达到了 5.5%。① 在数据上，几乎恢复到了 2008 年危机前的经济水平。

值得注意的是，这种刺激性的价格条款是存在深层次问题的，并没有从实质上恢复经济发展。根据经济部统计，2011 年白俄罗斯的通货膨胀率高达 108.7%，全国经济整体虚高，客观上为几年

① "Беларусь：ВВП – Валовой внутренний продукт（млрд. долларов США）" – URL：https：//ru. actualitix. com/country/blr/ru – belarus – gross – domestic – product. php.

之后的汇率下滑、不得不改换新币埋下了问题根源。

2012年，白俄罗斯的经济在价格宽松的刺激下，维持了表面上的增长，该年GDP增速保持了正增长，为1.7%，与其他负增长的独联体国家相比，取得了较好的成绩。根据其官方统计，该年的GDP总量达到了636亿美元。① 但是，持续的价格松绑使物价飞速增长，该年的通货膨胀率高达159.2%。

2013年1月，白俄罗斯为缓解严重的通货膨胀对社会底层民生的强烈冲击，专门成立了应对经济危机的临时管理机构，负责制定国内的社会保障保护制度，特别是保障社会弱势群体，减少经济危机对民众的影响。同年4月，经济部又出台了《关于国家采购的行政法令》，对政府采购的公共服务进行了规范，规定政府仅能从一手货源购买公共产品和服务。② 这一政策的出台目的是减少采购环节中的不必要消耗，以及避免因政府采购产生的腐败。但是，由于仍将维持GDP的正面增长作为主要目标，因而并未达到理想的效果。2013年，根据白俄罗斯经济部的数据，当年的GDP增幅维持在了正面增长的1%，但是该年的通货膨胀率却仍高

① "Беларусь: ВВП – Валовой внутренний продукт (млрд. долларов США)" – URL: https://ru.actualitix.com/country/blr/ru – belarus – gross – domestic – product.php.

② Постановление Министерства экономики РБ. № 29 от 30.04.2013 г.//Об утверждении Инструкции о порядке согласования Министерством экономики Республики Беларусь проведения заказчиком (организатором) процедуры закупки из одного источника при осуществлении государственных закупок.

达 116.3%。

2014 年，克里米亚事件爆发，欧美对俄罗斯的制裁接踵而来，严重波及了与其经济往来密切的独联体国家。鉴于俄罗斯是白俄罗斯最大的经济合作伙伴，经济的剧烈下滑对其而言几乎不可避免。同年 4 月，白俄罗斯政府为了维护国家经济的稳定，保证经济有序进行，颁布了一系列稳定社会经济、加强政府采购力度、稳定农产品生产和销售价格的行政令。旨在通过政府的干预稳定市场经济发展。2014 年，在政府的大力支持下，该年的 GDP 维持了正增长，为 1.6%。但是，该年的通货膨胀率却仍高达 128.1%。

2014 年起，白俄罗斯卢布的汇率出现了迅速下跌。总统卢卡申科为了稳定汇率、减少市场的投机行为，在 12 月 19 日下午颁布法令，使国家银行对国外货币兑换业务增加 30% 的“临时佣金”。之后，12 月 29 日“临时佣金”降至 20%。最后，在白俄罗斯政府的努力下，白俄罗斯卢布的总贬值率控制在了 24.7%。（备注：2014 年 12 月 19 日，1 美元兑换 11900 白卢布。）

2015 年 1 月 5 日，迫于民众的舆论压力，国家银行将兑换国外货币业务的“临时佣金”降至 10%。而仅在当天，白俄罗斯卢布就贬值了 7.1%。2015 年 1 月 6 日，白俄罗斯国家银行的外汇兑换牌价为 1 美元兑换 12740 白卢布（1 月 5 日为 11900 白卢布），1 欧元兑换 15230 白卢布（1 月 5 日为 14460 白卢布）。此后，白俄罗斯卢布不断贬值。根据白俄罗斯国家经济部门的统计，1 月 8

日，白俄罗斯卢布兑换美元外汇贬值了7.5%，1月9日贬值了2.18%，1月12日贬值了1.78%，1月14日贬值了4.745%。总之，2015年仅1月份，白俄罗斯卢布兑换外汇的贬值幅度就高达29.4%，超过了2014年全年的贬值幅度。

2015年，白俄罗斯国家银行为了稳定汇率，恢复使用卢布与一揽子货币共用的货币挂钩机制，抛售部分美元和欧元。截至该年底，国家银行的外汇储备中欧元和美元的份额降至30%，白俄罗斯卢布的储备份额则增加到40%。[①] 但是，这些做法并没能有效地恢复其国内的经济秩序，反而将此前为了保证GDP正向增长所实施的一系列政策的负面效应彻底引爆。2015年，根据白俄罗斯经济部的统计，年GDP为549亿美元，GDP增幅为-3.9%，经济总量与2014年相比下降了29.4%。[②] 汇率也从2014年底的1美元兑换11900白卢布，降至1美元兑换18000白卢布，贬值40%以上。

2015年底，鉴于白卢布货币持续大幅贬值，纸币中面值最大的20万白卢布的实际够买力也仅相当于100美元，导致货币使用极其不便。国家银行为了稳定社会经济秩序，释放信贷货币压力，宣布以1：10000的比例兑换此前市场上流通的货币。从2016年7

---

① “О мерах денежно - кредитной политики по стабилизации ситуации в финансовой сфере” - URL：http：//www. nbrb. by/Press/？nId = 1114.

② “ВВП Беларуси в 2015 г. по сравнению с 2014 г. уменьшился на 29，4% до 53，508 млрд. долл.” - URL：http：//businessforecast. by/partners/ratings/1537.

月 1 日开始，使用新版的 5、10、20、50、100、200 和 500 白卢布，以及八种硬币 1、2、5、10、20、50 戈比和 1、2 白卢布。新版的白卢布货币中最大纸币面值由之前的 20 万变为 500，相应的购买力也由 100 美元转变为 200 美元，不仅简化了货币的面额，而且还增加了货币的购买力。除此之外，白俄罗斯经济部还于 12 月颁布了《关于控制社会商品价格的条例》[①]，提高了公共电讯服务产品的关税以及相应的服务费，以此弥补财政税收不足。此举虽然难以迅速遏制经济的持续下降，但是会在一个较短的时期内通过连锁反应使经济开始回升。

此外，根据白俄罗斯经济部门的预测，2016 年的失业劳动人口将继续增加，家庭收入将继续减少，各职能部门应充分协调合作，尽量避免由不良贷款和企业高债务引发的经济衰退。此外，该年以美元计算的国内生产总值持续下降，外债可能由前一年占 GDP 的 64% 增长至近 87%。

2016 年 3 月，白俄罗斯为了缓解经济压力，从欧亚开发银行申请到了 20 亿美元的贷款。4 月，白俄罗斯国家银行决定，将各种为了刺激经济而进行的再融资的贷款利率酌情降低，幅度为 1% 至 24%。此外，总统卢卡申科还提出要加快使白俄罗斯进入世界

① “Постановление Министерства Экономики Республики Беларусь. 10. 12. 2015 г. №68”, http：//www. tarify. by/постановление – 68 – от – 10 – 12 – 2015/.

贸易组织（WTO）的谈判程序。2016 年底，根据经济部的数据显示，该年白俄罗斯的 GDP 为 458 亿美元，增幅为 -2.4%。但由于新发行了卢布货币，通货膨胀得到了有效抑制，该年的通货膨胀率仅为 10.6%。此外，农业领域由于国有程度较高，调控较为有效，GDP 比去年同期增长了 3.4%。

2017 年，白俄罗斯总理柯比亚科夫（Кобяков А. В.）在经济会议上指出，需要反思之前为了保障 GDP 的正增长，给国民经济带来的巨大负面效应。他认为之前所谓的经济刺激计划过于片面，没有以突破性科学技术为基础，没能在能源领域与石油输出国组织（OPEC）达成协作共识，甚至没有对所签署的国际性信贷条款认真讨论，仅因为“多元化”和“投资”等几个“漂亮词”，就盲目推动，刺激经济数据增长。而在经济发展中真正要做的是保持发展定力，逐步解决各领域的实际问题，“要记住，我们发展经济的核心是为人民建立起幸福的堡垒”。此外，总理柯比亚科夫还在会议上讨论了未来五年白俄罗斯在经济领域赶超匈牙利和卡塔尔的可能性，以及提高商品和服务的生产效率、降低企业融资成本，使经济多样化均衡发展的可行性方案。根据当时俄方新闻报道，白俄罗斯总理柯比亚科夫预测，2018 年白俄罗斯 GDP 的增幅可能达到 3% 以上。①

---

① Вести. Экономика：ВВП Белоруссии по итогам 2017 г. вырастет на 2%，по итогам 2018 г. будет на 3，5%，заявил премьер - министр Андрей Кобяков. 06. 12. 2017 г. - URL：https：//www. vestifinance. ru/articles/94795.

2017 年 12 月，为了稳定新发行货币的汇率，以及国内的经济局势，总统签署了关于稳定下一年货币政策的总统令，明确以确保商品价格稳定为战略重点，推动经济的可持续平衡发展，及年度通货膨胀率需要限制在 6% 以内。此外，考虑到需要偿还外部债务，特别规定至 2018 年底，国家银行的储备资产至少要达到 60 亿美元。截至 2017 年底，根据白俄罗斯经济部统计，该年的 GDP 为 469 亿美元，增幅为 2%。由于在经济上实行了较为稳健的货币政策和市场平衡政策，该年的通货膨胀率仅为 4.6%。

2018 年，白俄罗斯在经济方面继续实行稳健的发展政策，鼓励中小企业融资发展，国家银行开始实施积极的利率政策。2 月，国家银行将再融资的贷款利率从 2017 年的 18% 下降到 10.5%。此外，还降低了私人贷款和中小企业贷款融资的审核标准，不仅使个人消费者更容易贷款，而且还简化了企业实体的贷款程序。截至 2018 年底，根据白俄罗斯经济部门的统计，该年的 GDP 为 592 亿美元，增幅为 3.5%。此外，在稳健的货币政策下，通货膨胀率也仅为 5.6%。

2019 年，鉴于与俄罗斯在能源和农产品领域在定价方面产生了较大分歧，而在经济上对进出口贸易又过于依赖，白俄罗斯的 GDP 增速开始放缓。在金融方面，白俄罗斯继续实行稳健的货币政策，以防止通货膨胀再度发生。白俄罗斯经济部长提出，在经济领域要更积极地吸引外资、刺激出口，为经济发展创造更优良的政策条件，并表示，他有信心至2025年将白俄罗斯的GDP提升至1000亿美元。截至该年底，根据白俄罗斯经济部的数据，该年的GDP为610亿美元，增幅为1.2%，且该年的通货膨胀率仅为4.7%。

1991—2019年白俄罗斯经济发展情况

年份	GDP（亿美元）	人均GDP（美元）	通货膨胀率（%）	进口总额（亿美元）	出口总额（亿美元）	进出口总额在GDP中的比重（%）
1991	192	1871	147	71	64	57
1992	178	1730	1411	105	103	69.3
1993	168	1640	1996	114	140	77.6
1994	152	1483	1960	108	127	71.3
1995	139	1360	244	69	75	79.7
1996	145	1428	39.3	67	73	76.3
1997	141	1393	63.1	84	93	79.9
1998	152	1510	181.7	90	97	89.1
1999	121	1210	251.2	72	75	99.2
2000	104	1044	168.6	67	71	94.7
2001	124	1245	121.3	85	90	98.4
2002	146	1481	42.5	93	98	93.9
2003	178	1882	28.3	116	123	85.1
2004	230	2381	18.1	157	172	87.9
2005	302	3126	10.3	181	179	79.8
2006	370	3842	6.9	222	237	101.1
2007	453	4723	8.4	276	304	82.9
2008	608	6358	21.8	370	417	88.9

续表

年份	GDP（亿美元）	人均 GDP（美元）	通货膨胀率（%）	进口总额（亿美元）	出口总额（亿美元）	进出口总额在 GDP 中的比重（%）
2009	492	5166	117.8	249	304	79.5
2010	552	5818	102.7	294	369	83.2
2011	597	6321	108.7	414	458	112.3
2012	636	6764	159.2	461	464	92.3
2013	717	7664	116.3	439	459	81.2
2014	759	8038	128.1	349	389	80.1
2015	549	5749	213.5	328	326	95.8
2016	458	5092	10.6	27.6	23.5	80.6
2017	469	5138	4.6	34.9	29.2	94.1
2018	592	5749	5.6	384	339	89.8
2019	610	6032	4.7	393	329	91.2

数据来源：白俄罗斯共和国国家统计委员会官网：http：//www.belstat.gov.by.（浏览日期：2017 年 6 月 28 日）。

第四章　亲俄近欧的对外关系

第一节　亲近俄罗斯与俄白联盟进程

独立之初，白俄罗斯元首舒什科维奇对外施行“独立自主、友好合作”的外交方针，积极开展外交活动，加强与美国、法国、德国等欧美国家的关系，尽量淡化与原苏联加盟共和国尤其是俄罗斯的关系。但是，总理克比奇认为，苏联时期遗留的工业体系的整体性决定了原苏联地区各国的资源和经济具有很强的相互依赖性。为了维持社会和经济的稳定发展，白俄罗斯即使政治体制需要向西方模式转变，经济方面也仍然应该加强与原苏联地区国家的往来。①

① Снапковский В. Е. , Внешняя политика Республики Беларусь: первые итоги первого десятилетия, *Белорусский журнал международного права и международных отношений* №4 2000 г.

但总体上看，白俄罗斯当时与原苏联地区的其他国家的关系并不紧密。比如，白俄罗斯1993年才决定加入由俄罗斯、乌兹别克斯坦、亚美尼亚、哈萨克斯坦、吉尔吉斯斯坦、塔吉克斯坦共同发起成立的、与北约相竞争的“集体安全条约组织”（Организация договора о коллективной безопасности），而在1994年1月才签署成立独联体国家联盟的最终协议，仅先于摩尔多瓦。[①] 另外，1991年苏联解体后，俄罗斯就有意向与白俄罗斯建立一个政治和经济一体化的地区性组织，共同设立一个代表机构以统合两国的潜力。但是，这一动议在舒什科维奇执政期间一直受到压制。其实这也不难理解，自17世纪的《威斯特伐利亚和约》[②] 签订起，主权国家就已经成为国际体系中平等的、至高无上的参与者，其核心原则就是国家的主权与领土完整。而白俄罗斯才刚刚获得独立，它对再次形成某种“联合体”或“聚合体”的提议，难免具有一定的抵制情绪。

卢卡申科在1994年当选白俄罗斯总统后，在外交上推行了一条与舒什科维奇较为不同的路线。在卢卡申科看来，独联体不但

① Бобков В. А., Браим И. Н., Егоров А. Н. и др. Политология: учебник, *Экоперспектива.*, 2000 г.

② 会议共签署三份条约以终止对应的相互交叠的战争：《明斯特和约》《明斯特条约》和《奥斯纳布吕克条约》，结束了哈布斯堡及其天主教派盟友与新教势力（瑞典、丹麦、荷兰和神圣罗马帝国各邦）及其盟友法国之间的三十年战争（1618—1648），结束了西班牙与荷兰共和国之间的八十年战争（1568—1648），前者正式地承认后者的独立地位。

应该继续存在下去，而且还需要加强。尤其是白俄罗斯、俄罗斯、乌克兰三国同为东斯拉夫人，地理位置相邻，文化相近，经济联系更为重要。他指出，俄白两国不仅在宗教上同源，都在 10 世纪受洗接受了“东正教”；在 18 世纪后，两国融为一体，共同发展长达 300 年；19 世纪，共同抵御过拿破仑入侵；20 世纪，共同经历了两次世界大战。两个国家休戚相关、命运相连。直至苏联解体后，才被迫分离成两个国家。在对待其他的原苏联加盟共和国的态度上，卢卡申科继承了前总理克比奇的观点，认同由于苏联长期统一的产业结构使这些新独立国家在经济上仍旧是一个难以分割的整体。由此，白俄罗斯同包括波罗的海三国在内的所有原苏联地区国家保持着友好关系，签订了相应的友好合作条约和经济贸易协定。其中，白俄罗斯与俄罗斯的关系最为紧密，与俄罗斯的经贸额占其对外贸易总额的 70%。

由于俄罗斯经济对白俄罗斯经济产生的巨大吸引力，卢卡申科的外交重点就放在了恢复和加强与俄罗斯的联系上。1995 年 2 月，白俄罗斯与俄罗斯两国签订了《友好睦邻合作条约》。1996 年 4 月，两国议长在圣彼得堡市签署了《白俄罗斯和俄罗斯共同体组织条约》。同年，西方国家抵制白俄罗斯修改宪法，对其加大了封锁和制裁力度，迫使白俄罗斯不得不加强与俄罗斯的合作。在卢卡申科看来，世界正如英国哲学家托马斯·霍布斯（Thomas Hobbes）在《利维坦》中设想的自然状态，白俄罗斯正处于一个没有政府权威或市民秩序的国际世界，处于一种“自然状态”或无政府的“野蛮状态”（anarchy），因此对自身的安全感到深深的担忧。对他而言，虽然不可能通过与俄罗斯的合作，短期内在世界上建立一个“利维坦”，但却是能够维持自身生存和发展空间的。1997 年 4 月 2 日，两国正式签署《白俄罗斯和俄罗斯联盟条约》[①]（以下简称《联盟条约》），宣布两国建立联盟关系。该联盟协议最初的政治意图，是推动俄白两国的共同体一体化建设。因此，明斯克一方要求新联盟的最高法律和执行机构有权做出对两国都具有约束力的决定。但是，这一要求没有得到俄方的支持。最终，该协议的性质从推动俄白两国共同体一体化建设转变为联盟式的新协议。对此，卢卡申科曾指责俄方领导人对两国团结起来的意愿不强。[②] 鉴于白俄罗斯对于俄罗斯而言是对欧洲方面的重要外交屏障，当时车臣等一系列危及国家再次分裂的迫切问题还没得到根本性解决，为了稳定白俄罗斯一方的情绪，俄方不得不让步。1998 年 12 月两国总统签署了《白俄罗斯和俄罗斯进一步统一宣言》[③]《公民平等权利条约》和《经济实体平等条约协定》[④]

---

① “Договор между РФ и Республикой Беларусь от 02. 04. 1997 О Союзе Беларуси и России,” http：//legalacts. ru/doc/dogovor – mezhdu – rf – i – respublikoi – belarus – ot/.

② “Лукашенко：РФ не готова к созданию Союзного государства с Белоруссией,” https：//www. kp. ru/online/news/2708632.

③ Декларацию о дальнейшем единении Беларуси и России，25 декабря 1998 г.

④ Соглашение о создании равных условий субъектам хозяйствования，декабря 1998 г.

等协议，进一步巩固俄白两国国家联盟。

此外，根据《联盟条约》，白俄两国将会成立共同的联盟国家最高委员会（Высший Совет Союзного государства）、部长议会和联盟国家常务委员会（Постоянный Комитет Союзного государства）、联盟国家法院（Суд Союзного государства），同时设立相当于欧洲国家议会功能的联盟议会（Парламентское Собрание Союза Белоруссии и России）。其中，联盟国家最高委员会是联盟的最高执行机关，由两国国家元首、国会议长（Руководители парламентов）、国务委员（Государств－участников）组成。部长议会主席、联盟议会主席以及联盟国家法院主席有权参加联盟最高国家委员会的会议。最高国家委员会有权决定联盟发展、机构增设、职能管理等具体事务，以及有发起联盟国议会议院选举、批准预算、听取部长议会的年度报告等权限。[①] 联盟下设边界和海关委员会、联盟国家气候和环境污染监测委员会、联盟关税和非关税监管委员会、联盟国家电视台以及广播电台等具体职能部门。这些职能部门的成员均由俄白和联盟国家行政机构的代表组成，定期举行会议，共同协商解决相关领域的问题。[②] 4 月 2 日被定为“白俄罗斯和俄罗斯人民团结

① “Высший Государственный Совет” － URL：http：//www. belrus. ru/about/organy_souznogo_gosudarstva/vyshiy_gosudarstvennyy_sovet. html.

② “Парламентское Собрание Союза Беларуси и России” － URL：http：//www. soyuz. by/official/parliament.

日”。5月，两国又签署了《白俄罗斯和俄罗斯联盟宪章》。同年，根据该宪章的规定，成立了联盟最高委员会。2000年起，联盟最高国家委员会的主席一直由卢卡申科担任。

“共同的命运、共同的历史根源、兄弟民族的传统友谊及其血统纽带的牢不可破”，俄联邦共产党中央主席久加诺夫说，“今天俄罗斯只有一个战略盟友，那就是白俄罗斯。”[①] 在此基础上，白俄两国还加强了经济和文化方面的紧密合作。[②] 1999年12月，俄白两国总统又进一步签署了《建立联盟国家条约》。根据该条约中的内容，俄白两国将在主权平等的基础上，共同建立一个“全方位一体化的新国家”。2000年1月，该联盟条约经两国议会批准正式生效。

此次签署的联盟条约为建立白俄罗斯和俄罗斯联盟提供了更加精确的法律框架，规定两国以主权平等原则为依托，自愿、认真地履行互助义务，保留其主权独立、领土完整、国家结构和宪法、国旗、国徽等的国家属性。[③] 2001年1月，在联盟国家部长会议上，俄白两国签订了建立统一关税和非关税管理制度的政府间协议，认为燃料和能源综合体的合作是两国经济一体化最有效和最

① ［俄］久加诺夫：《俄罗斯向何处去：俄共中央主席久加诺夫如是说》，人民出版社，2015年版，第13页。

② “Договор между РФ и Республикой Беларусь от 02.04.1997 О Союзе Беларуси и России” – URL：http：//legalacts.ru/doc/dogovor – mezhdu – rf – i – respublikoi – belarus – ot/.

③ “Договор между РФ и Республикой Беларусь от 02.04.1997 О Союзе Беларуси и России” – URL：http：//legalacts.ru/doc/dogovor – mezhdu – rf – i – respublikoi – belarus – ot/.

重要的领域之一，两国在能源供应平衡的基础上决定石油、天然气、煤炭和电力的生产和消费量，以及精炼产品的相互供应。[①] 在这次会议上，卢卡申科和普京都表示，俄白一体化不仅出于两国战略利益的需要，同时也是基于两国民众的历史精神传统，未来的联盟国家将进一步在多领域加深合作，实行一致的社会经济政策。对白俄罗斯来说，与俄罗斯联邦各地区的贸易、经济、科学、技术和文化合作是联盟国家一体化进程的重要组成部分。在此框架下白俄罗斯同俄罗斯共签署了140多项协议和合同，在俄罗斯各地共开设了13个代表处。2000年11月，白俄罗斯国家上议院通过了与俄罗斯建立统一关税和非关税管制制度税。次年5月，白俄两国签署了实行单一货币单位和组建联盟国家统一货币发行中心的协定，[②] 8月决定立法实施统一的税收政策。

然而，俄白联盟的实质性进展并不顺利。2002年夏，普京向白俄罗斯提出了进一步促成双方完全联合的具体方案，要求白俄罗斯或者加入俄罗斯联邦，或者是放弃俄白联盟，完全独立应对

---

① “Соглашение между Правительством РФ и Правительством Республики Белоруссия от 29. 01. 2001 О завершении унификации и создании единой системы тарифного и нетарифного регулирования в Союзном государстве” – URL：http：//legalacts. ru/doc/soglashenie – mezhdu – pravitelstvom – rf – i – pravitelstvom – respubliki – belorussija – ot_3/.

② “Соглашения между РБ и РФ о введении единой денежной единицы и формировании единого эмиссионного центра Союзного государства от 30. 11. 2000 г. ” – URL：http：//legalacts. ru/doc/soglashenie – mezhdu – rf – i – respublikoi – belorussija – ot/.

严峻的经济问题和外交困境。[1] 卢卡申科则认为，俄白两国的所谓“联盟国家”，只能建立在平等的基础上，两国的一体化进程不能损害白俄罗斯的国家主权和独立。[2] 一些白俄罗斯专家认为，尽管两国建立联盟国家和经济一体化的道路较为坎坷，但是俄白两国所规划的联盟国家关系仍具备比较光明的发展前景，两国关系也不会完全割裂。对俄罗斯而言，与其他的原苏联加盟共和国相比，白俄罗斯毕竟是在文化和外交政策等方面与其最为接近的一个国家。

从地缘政治与国家安全的角度来看，白俄罗斯是俄罗斯与北约之间的唯一“坚固”屏障，俄罗斯不可能放弃；从国力对比、现实政治需要等多方面考虑，白俄罗斯在发展与西方国家的关系时，必须要首先巩固与俄罗斯的关系，否则，白俄罗斯的社会发展、政权稳定都难以有效保障。

2003 年，卢卡申科在联盟会议中明确指出：在现行条件下，白俄罗斯的战略利益在于进一步发展与俄罗斯的联盟，联盟关系的不断加深会成为推动两国关系的新动力。卢卡申科表示，俄白两国正在经历一体化发展最困难的阶段，尽管如此，发展与俄罗斯的关系依然要遵循联盟条约中所制定的原则，即白俄罗斯和俄

---

① Бобков В. А. Беларусь в интеграционных проектах, *Институт экономики НАН Беларуси*, 2011 г. С. 231.

② “Лукашенко: Россия делает независимость Белоруссии устойчивее” – URL: https: //www. pravda. ru/news/politics/01 – 07 – 2017/1340329 – lukashenko – 0/.

罗斯的主权都必须得到维护。[①] 同年4月，卢卡申科指出，俄罗斯领导人已经清楚白俄罗斯的政治立场，那就是在主权平等原则的基础上推动组建联盟的进程。[②] 对于白俄罗斯来说，建立俄白联盟有利于本国更好地应对所遇到的外交困境，因而推动俄白一体化的进程一直是卢卡申科的对外关系重点，由此可知，白俄罗斯方面对建立俄白联盟国家和经济一体化的期待要高于俄罗斯。

2006年，卢卡申科开始调整之前积极寻求与俄罗斯建立统一政治空间的政策，暂缓了与俄罗斯一体化的步伐，积极地维护白俄罗斯国家主权独立与政策自由，统一货币进程就是一个典型例子。[③] 卢卡申科开始意识到，联盟可能是一把双刃剑。在国家综合实力体量相差巨大的情况下，如果不能达到政治、军事、文化的全面性统一，那么在联盟中综合实力较弱的一方会被逐渐削弱，甚至是被体量大的一方吞并。[④]

根据两国原来签署的经济一体化协议，从2005年1月1日起，

---

① "Послание Президента Республики Беларусь Александра Лукашенко к белорусскому народу и Парламенту Республики Беларусь16 апреля 2003 года," – URL: http://president.gov.by/ru/news_ru/view/poslanie – prezidenta – respubliki – belarus – aleksandra – lukashenko – k – belorusskomu – narodu – i – parlamentu – respubliki – 5822/.

② "У Лукашенко есть радикальный вариант объединения" – URL: https://ria.ru/politics/20030416/367640.html.

③ Бобков В. А. Беларусь в интеграционных проектах, *Институт экономики НАН Беларуси*, 2011г. С. 311.

④ Тихонова С. В. Российско – белорусское сотрудничество в нефтегазовой сфере в 1992 – 2008 г., 2015г. С. 210.

俄罗斯中央银行发行的卢布应成为两国的统一货币。但是，由于双方在有关经济一体化的某些问题上无法取得一致，统一货币计划推迟到2006年1月1日开始，但仍面临着巨大阻力。因为俄白经济一体化不仅是货币的统一，还涉及石油等大宗资源类商品价格和税收的统一。俄罗斯最大的几家石油公司反对统一政策，认为俄罗斯不是过去的苏联，没有必要给白俄罗斯或者独联体其他国家提供价格比国际市场低的石油。[①] 对白俄罗斯来说，尽管俄罗斯方面强调出售它的石油价格远远低于供给欧盟国家的价格水平，甚至还优于其他独联体国家，但是白俄罗斯仍然不愿接受。在白俄罗斯看来，俄白既然是“联盟国家”，俄罗斯就不应该按照高于其国内市场的价格向白俄罗斯出口石油。对此，白俄罗斯国家银行行长普拉卡波维奇（Прокопович Пётр Петрович）表示，货币的统一应该在两国经济一体化的最后阶段完成，在其他问题尚未得到解决时就开始使用统一货币，对两国不会有任何好处。[②] 俄罗斯总理梅德韦杰夫在与白俄罗斯总理梅亚斯尼科维奇会见后表示，俄罗斯与白俄罗斯之间实行统一货币的设想是具有潜在可能性的，这是最高程度的一体化的反映。但是，首先应对其后果进行全面

① “Беларусь и Россия：стратегия и тактика построения Союзного государства,” https：//minsk. gov. by/ru/actual/view/209/den_info_20050713. shtml.

② 《白俄与俄罗斯实行统一货币计划延期 预计至06年》，网址：http：//intl. ce. cn/gjzx/oz/be/jrzq/200708/17/t20070817_12583349. shtml.（2017－11－25）。

评估，确保不出现任何重大问题。梅德韦杰夫还强调，卢布在俄白双边贸易的结算中占据重要地位，白俄罗斯的货币交易所正在进行相应的货币结算，这为构建货币联盟迈出了重要步伐。在其他方面，俄白经济一体化也面临着很多困难。俄罗斯媒体认为，白俄罗斯并没有顾及经济一体化的协议，对来自俄罗斯的啤酒、烟草制品、饲料、蔬菜、鱼类产品、日化产品设置了海关进口限制。[①] 2006 年，普京公开对白俄罗斯减缓与俄罗斯进一步加深海关、安全领域合作提出了批评。但是，普京的批评并没有取得预期的效果。2007 年，白俄罗斯继续针对俄罗斯对其出口的白糖、酒精饮料、医药产品等设置了海关进口的限制。[②]

俄白两国在能源合作方面也时有摩擦。2006 年 12 月，俄罗斯政府决定保护本国能源产业的经济利益，将从 2007 年 1 月 1 日开始提高向白俄罗斯以及其他国家提供的能源类产品的关税。[③] 由于这一决定与 1995 年 5 月俄白两国签署关税同盟协定的免税规定相冲突，遭到了白方的坚决反对。2007 年 12 月 26 日，俄方宣布已

---

① Колотущкин В. С. , Белкин В. П. , Белкина Н. Е. , Система 《РОСТ》 в действии, *Трудовые отношения*, 2007 г. №3. С7.

② Колотущкин В. , Белкин В. , Белкина Н. Система 《РОСТ》 в действии// Трудовые отношения, 2007 г. , №3, С. 10.

③ "Федеральный Закон РФ от 27. 07. 2006 №151 – ФЗ О внесении изменений в главу 26 части второй Налогового кодекса Российской Федерации и признании утратившими силу отдельных положений законодательных актов Российской Федерации," https: //rg. ru/2006/07/29/nalog – glava26 – dok. html.

经调低了价格，准备以每立方千米105美元的价格向白方供应天然气，其中75美元以现金的形式支付，其余的将以转让白俄罗斯天然气运输公司（Белтрансгаза）股份的形式进行支付。该公司的估值约为50亿美元，而俄方想获得其50%的股份。俄方声明，如白方不同意以这一价格购买天然气，将于2007年1月1日断供阿列克谢勒·米勒地区的天然气。但是，白俄罗斯方面知道，俄方无法实现这一目标，因为这将影响其过境白俄罗斯向欧洲运输的天然气。最终，双方以每立方千米100美元的价格签署了2007—2011年的天然气供应。其中，过境关税为每1000立方米每100公里1.45美元。①

2017年2月6日，俄白两国在布良斯克、斯摩棱斯克和普斯科夫地区的边境开设了边境管制站。根据俄罗斯国家安全部门的说法，这一举措是为了打击过境的非法移民、毒品贩运和走私。但根据白俄罗斯方面的说法，这是源于两国的能源、贸易等经济纠纷。此前，白俄罗斯单方面提高了俄罗斯石油的运输关税，而俄方则单方面提高了对白俄罗斯天然气的供应价格。结果，白俄罗斯直接否决了俄罗斯关于提高天然气价格的提议，而俄方也被迫减少了过境白俄罗斯的面向欧洲的石油供应。同年3月，俄罗

---

① Тихонова С. В.，Энергетическое сотрудничество России и Белоруссии（1992－2010 гг.），*Мир и политика*，№12，2011 г.

斯官方开始禁止从明斯克地区采购牛肉。双方这些行为标志着此前两国于1995年签署的《睦邻友好合作条约》失去了实质性效力。

尽管如此，2017年9月，俄白两国还是举行了针对西方威胁的West－2017联合作战演习。俄罗斯约有5500名军事人员参加，而白俄罗斯约有7.2万名士兵和军官参加，涉及多达70架飞机和直升机，680单位的军事装备，其中包括约250辆坦克，多达200挺枪械，多发火箭系统和迫击炮，以及近12艘军舰。

2018—2019年，俄白两国就有关油气价格和运输关税又持续展开了多轮拉锯战。但整体上讲，白俄罗斯作为俄罗斯与西方的战略屏障，俄方不得不顾及其核心利益，在经济方面做出一定的让步。

2017年底，俄白两国在军事部门的联合会议上共同签署了《2018年合作军事计划》。俄罗斯国防部长谢尔盖·绍伊古（Sergei Shoigu）说，该计划将有助于俄方进一步发展在相关地区的部队集团作战能力，以确保成功阻止和打击潜在的军事入侵。随后，俄白两国共同发表了声明，确认两国将加深在国防、军事和安全领域的基本合作，并确定了双方在该领域工作的优先方向。

客观来讲，在这一地区性博弈过程中，白俄罗斯成为俄罗斯与西方共同争取的关键盟友。虽然白俄罗斯表明其属于中等收入国家，加入不结盟运动，主张根据公认的国际法原则主持公正的、民主的世界秩序。但白俄罗斯本身的地理位置已经决定其不可能置身事外。

根据白俄罗斯官方发布的2018—2019年外交政策目标，其中将保护国家主权和领土完整放在了首位，这也反映出其对周边安全环境的深刻担忧。

2019年9月17日，根据白俄罗斯新闻网的报道，总统卢卡申科与普京商讨，将俄白两国的经济系统合并为一个，计划于2021年初，变为一个共同的单一税制联盟。此外，两国政府还讨论了建立一个单一监管机构和统一银行进行统筹和监管的问题。①

因此，俄白两国关系的发展目前存在着诸多的可能性，是将走到一个更高层级的同盟状态，还是将继续它们“有分歧的兄弟关

① Новости дня Белоруссия: Россия и Белоруссия договорились о создании Союзного государства с едиными налогами, 17.09.2019г. – URL: https: //pronedra.ru/rossiya – i – belorussiya – dogovorilis – o – sozdanii – soyuznogo – gosudarstva – s – edinymi – nalogami – 411393.html? __cf_chl_jschl_tk__ = bebadce984f600b6e72411be6d9adb57779cf137 – 1585027512 – 0 – AUBm8so4NbMc36lVe – 6WBFin0U1ir7QRuQNBczWVXsnD7KY8u8OpolBuMzaaT0hsXjETQ3TW4pg0lrzvglFb0BDxSK5r2a3IOO3pV2vrNcA7E5t81ANG9qf2h_z-pBI0zJ42XRDASa9NLhHrlFXFpmvdzcE6a2hS504fYhnnOYip_3O1rzRWTqV8l1xxT8tuHf9MrygE – FCnm0BGHnQI3H5eJifm1wwOv0HSn2nHMcGoZDrXOKjo_8KoKcB3MxqW_k4C_Hr2Qi0rN-Ne4ZY_A – S3Mlsj61 – 38qf4wpxhGl5DXbKNY0O8KmPwx5FaP5pmT1rG – KjWv42fhGnTiJy-bNdCAXw6ZPmE8TPaZHC2tT6ah1LVBSn3UGA67kCYvBbE_ipOUF1HLftz4uzh_BODgyViSs.

系”，关键取决于两国的经济状况以及周边国际局势的具体变化和发展。

第二节　一波三折的近欧之路

白俄罗斯独立后很快就得到欧洲各国的承认，与欧盟关系稳步发展。1995 年，双方签署了政治和经贸领域的伙伴关系协定。白俄罗斯通过欧盟旨在大力援助独联体国家的“塔西斯计划”获得了来自欧盟的有力援助。“塔西斯计划”以促进欧盟与这些国家之间的经济和政治关系发展为主要目标，支持这些国家向市场经济和民主社会转型。[①] 白俄罗斯与欧盟的良好关系在 1996 年以后出现了变化。欧盟拒绝承认 1996 年白俄罗斯修改的宪法，认为卢卡申科“严重违背”政治民主原则。[②] 因此，白俄罗斯在独立初期与欧盟建立的伙伴关系几乎走到破裂的边缘，来自欧盟的资金援助也中止了。

---

① “塔西斯计划”（ТАСИСТА）是指西方国家从 1991 年开始对独联体国家的技术援助项目。

② Снапковкий В. Е.，Внешняя политика Республики Беларусь：первые итоги первого десятилетия，*Белорусский журнал международного права и международных отношений* № 4，2010 г.

1997 年，欧盟部长理事会拒绝延长与白俄罗斯的伙伴关系和合作协议，暂停了部长级双边会谈，冻结了对白俄罗斯的技术援助，取消了白俄罗斯在欧洲委员会中特邀成员的地位。1998 年 3 月发生的“鸫鸟官邸事件”就反映了白俄罗斯和西方国家的关系变化。“鸫鸟”外交官邸原是美、意、法、德、英等 20 多个国家驻白俄罗斯外交机构的驻地。但是，白俄罗斯政府突然要求各国尽快搬离，理由是“管道修理”。尽管白俄罗斯政府已经向相关国家指定了新的使馆区，但是这些国家仍对此表示强烈不满。西方国家一直希望能够寻机向白俄罗斯施加压力，促成其政治的转向，改变其长期以来的亲俄政策。“鸫鸟官邸事件”正好提供了这样一个机会。[①] 于是，各国纷纷召回本国驻白俄罗斯的外交人员，德国甚至要求白俄罗斯驻德大使限期离境，而美国外交部则公开指责白俄罗斯政府是为了进一步限制西方外交官在白的“自由和活动”。在各国的巨大外交压力面前，卢卡申科没有退缩，利用俄罗斯与西方国家在“北约东扩”等问题上的矛盾来换取俄罗斯的支持。

在被欧盟“冷落”的这段时间里，白俄罗斯重新开始向俄罗斯靠拢。2001 年，白俄罗斯加入了欧亚经济共同体[②]（Евразий-

① Нурани К. И. Вы слыхали как берут “Дрозды” /Зеркало. 26. 06. 1998 г.

② “Решение Суда Евразийского экономического сообщества № 21 О Регламенте Суда Евразийского экономического сообщества,” http://naviny. org/2012/07/12/by10743. htm.

ское экономическое сообщество），旨在加强与原苏联地区国家的经济文化一体化。此后，白俄罗斯与欧盟的关系也未出现明显好转。2005 年 3 月，欧盟在构建反导系统方面需要白俄罗斯的配合与支持，但是被卢卡申科拒绝。于是，欧盟宣布准备在白俄罗斯直接资助和组建民间社会团体，开设专门针对白俄罗斯民众的广播电台，拉拢白俄罗斯国内的反对派，对白俄罗斯进行“民主改造”，同时阻止白俄罗斯与俄罗斯、其他独联体国家进一步靠拢。

2006 年 1 月，在白俄罗斯总统选举前夕，欧洲委员会通过了取消白俄罗斯欧洲委员会特邀成员的决议草案。根据欧洲委员会的说法，这是因为白俄罗斯没有满足成为其特邀成员的条件。当时，欧盟向白俄罗斯提出的条件是：扩大议会权力，组建监察员机构，修订《选举法》和《新闻法》。白俄罗斯认为，这是干涉其内政，不能接受。随后，欧洲委员会呼吁欧盟国家禁止向白俄罗斯高级官员签发欧盟签证。欧洲委员会还再次建议，冻结卢卡申科总统及其亲密人员的所有银行账户和其他金融资产。[①]

经过两年的僵持，2009 年白俄罗斯与欧盟的关系出现好转。白俄罗斯成为欧盟“东方合作伙伴计划”成员。欧洲委员会同意重新给予白俄罗斯欧盟特邀成员的地位，条件是白俄罗斯同意在

---

① “ЕС и Белоруссия：Брюссель через Минск ищет сближения с Москвой” – URL：https：//regnum. ru/news/polit/1921926. html.

国内暂停执行死刑，以便保护白俄罗斯的政治反对派和在白俄罗斯从事“民主宣传”的人员。欧盟还要求白俄罗斯加强与欧洲理事会的合作，提高白俄罗斯公民对欧盟基本价值观的认同以及对欧盟国家法律条文、公共政策、社会组织、大众媒体等领域的了解。但是，白俄罗斯政府拒绝了欧盟提出的上述条件。

2010 年，白俄罗斯与欧盟的关系再度恶化。欧洲委员会决定撤回 2009 年给予白俄罗斯的特邀成员身份的建议，暂停与白俄罗斯的官方高层接触。2011 年，欧盟进一步扩大了禁止进入欧盟国家的白俄罗斯人员名单。其中，不仅包括官员、执法机构和法官的代表，甚至还包括部分企业界人士，如白俄罗斯最富有的商人弗拉基米尔·别福奇耶夫（Владимир Пефтиев）。2012 年 2 月，当欧盟再次扩大禁入名单后，白俄罗斯外交部要求华沙和布鲁塞尔的驻白官员离境。3 月，欧盟理事会认定白俄罗斯政治局势进一步“恶化”，通过了强化制裁白俄罗斯的文件。

2014 年，白俄罗斯与俄罗斯在克里米亚事件上产生了分歧，[①] 欧盟转而决定在政治上拉拢白俄罗斯。2016 年 2 月，欧盟解除了所有对白俄罗斯的制裁，不仅取消了对 170 名白俄罗斯公民和 3 个企业的限制措施，还解冻了卢卡申科个人在欧盟的账户，取消了

① Шаншиева Л. Н.，Беларусь и Украинский кризис（2013 - 2015 гг.），*Европейская безопасность：события，оценки，прогнозы.* № 39 2015г.

对其入境限制。[①] 但是，阻碍白俄罗斯与欧盟相互认同的是深层的政治、文化差异，这是二者难以逾越的鸿沟。欧盟国家在社会意识形态和国家制度上与卢卡申科领导下的白俄罗斯有着巨大的差异，这也正是白俄罗斯多次受到欧盟制裁的重要原因。

第三节　与美国的矛盾与冲突

1991 年 12 月，白俄罗斯与美国正式建立了外交关系。1992 年 1 月 1 日，美国在明斯克正式设立了大使馆。次年，白俄罗斯大使馆在美国华盛顿正式设立。1993 年 7 月，舒什科维奇在华盛顿与美国时任总统克林顿会晤。为实现外交中的首脑互访，克林顿也于 1994 年 1 月对明斯克进行了访问。

在其访问期间，克林顿提出邀请白俄罗斯加入北约的“和平伙伴计划”。“和平伙伴计划”主要邀请对象是前华沙条约组织成员和欧洲中立国家，旨在在军事演习、维和、危机控制等方面进行合作和政治磋商，“伙伴国”可向北约总部派驻联络员。但是，

① “ЕС снял санкции с Лукашенко” - URL: http://www.rbc.ru/politics/15/02/2016/56c1c3de9a7947e07c1f2887. 15. 02. 2016.

舒什科维奇对美国的提议并未给出十分明确的答复。白俄罗斯在建国之初在国际上奉行独立的中立主义立场，美国方面的邀请显然不符合当时白俄罗斯对外发展的核心理念。另外，“和平伙伴计划”要求参与国必须承认西方的“民主、人权、自由”等核心价值标准，这与白俄罗斯的意识形态也不相同。

1995 年，白俄罗斯总统卢卡申科受邀访问了美国。1996 年，白俄罗斯根据与美国的协议从领土中撤出了配有核弹头的洲际 RS－12M 导弹，美国和俄罗斯则保证白俄罗斯的安全。[①] 但随着白俄罗斯 1996 年宪法的通过，其与美国关系急转直下。美国开始实行与白俄罗斯的“选择性互动”政策。2000 年，美国政府开始试图实行更换白俄罗斯领导人计划。美国驻白俄罗斯大使迈克尔·科扎克（Michael Cozac）与白俄罗斯政府反对派接触，试图说服反对派集中力量在接下来的总统选举中共同提名一位新的总统候选人。但在 2001 年秋天举行的白俄罗斯总统大选中，欧美国家支持的反对派候选人弗拉基米尔·龚恰里克未能在总统大选中获胜。在此后的三年时间里，白俄罗斯国内反对派和以美国为首的西方国家势力一直准备再次发起反对卢卡申科的行动。2004 年 8 月，美国方面宣布通过外部施压，迫使卢卡申科辞去总统职务。美国参议员麦凯恩（John McCain）认为，改变卢卡申科的政权，不能

① “Беларусь и страны Америки,” http：//mfa. gov. by/bilateral/america.

仅以武力手段，还需要国际压力。

2004 年 10 月，美国国会通过了“关于白俄罗斯民主的法案”，要求卢卡申科释放被囚禁的政治犯或宗教人士，撤销对反对派活动家和独立新闻工作者的政治指控，根据欧安组织的标准停止针对独立媒体、独立工会、非政府组织以及反对派组织的“镇压行为”，在白俄罗斯举行“自由、公正的总统和议会选举”。在这些要求得到满足之前，美国政府禁止向白俄罗斯提供任何贷款、信贷担保、保险付款、融资和任何其他形式的财政援助，并且要求国际货币基金组织、世界银行和其他国际组织的美国代表投票反对给予白俄罗斯的任何支持。11 月 1 日，美国总统布什正式签署了上述法案。白俄罗斯外交部声明，美国的上述行为违反了联合国《不允许干涉和干预别国内政宣言》。白俄罗斯政府表示不惧制裁，因为与美国的贸易在其贸易总额中占的比例很小。[①] 2007 年 1 月，布什总统决定再次对白俄罗斯进行为期两年的制裁，并拨出专款支持白俄罗斯的反对派政客和独立媒体。2010 年卢卡申科连任后，奥巴马向美国国会表示：白俄罗斯政府的行为严重威胁到美国的外交政策，有必要对白俄罗斯继续实施制裁。但实际上，美国的经济制裁并没有对白俄罗斯构成直接的经济威胁。

① “Конгрессмены совершили акт для Белоруссии готовят экономические санкции” – URL：https：//rg. ru/2004/10/07/evrosoyuz – belarus. html.

白俄罗斯与美国的关系走向，从建国初期的有限接触、委婉的拒绝，到2000年以后公开、明确的对抗，表面上看是两国国家利益的纷争，而在更深层次上则是不同意识形态的相互碰撞。白俄罗斯认为，美国不断蛮横地插手独联体国家的内部政治事务，导致一些国家发生所谓的“颜色革命”，从而在政治上对美国的抵触情绪愈发强烈。因此，无论美国如何示好，白俄罗斯都与其保持着距离，表示拒绝或“不合作”。

2014年克里米亚事件之后，随着俄白关系的变化，美国调整了对白俄罗斯的政策。2016年10月，白俄罗斯国防部与美国军事部门代表，在华盛顿就发展双边军事合作举行了工作会议。这次会议的主要成果是签署了双边2017年军事合作计划的联合声明。① 不过，短期来看，白美关系没有根本转好的客观条件，僵持仍将继续。

第四节　中白两国不断深化的友好关系

白俄罗斯独立后不久，就于1992年1月20日同中国正式建

① “Белоруссия и США подписали план о военном сотрудничестве” – URL：http：//www. rosbalt. ru/world/2016/10/21/1560616. html.

交。1993 年 1 月和 1995 年 1 月，白俄罗斯两任首脑舒什科维奇和卢卡申科分别对中国进行了正式访问。舒什科维奇访问期间两国签署了《中白联合声明》等重要文件。2001 年 4 月，卢卡申科再次对中国进行国事访问，两国元首共同签署了新的《中白联合声明》《中白司法部合作协议》《中国人民银行与白俄罗斯国民银行合作协议》与《中白政府关于保护知识产权的协定》等文件。

2005 年 12 月，卢卡申科再次访华并同中国签署了《中华人民共和国和白俄罗斯共和国联合声明》，宣布中白关系进一步加深，进入全面发展与战略合作的新阶段。中白两国领导人还出席了两国就经济技术合作等方面开展合作的 12 项相关文件和协议的签字仪式。2016 年 9 月，两国领导人宣布建立中白两国全面战略伙伴关系，签署了《中华人民共和国和白俄罗斯共和国关于建立全面战略伙伴关系的联合声明》。

不断提升的政治关系为中白两国的经贸合作创造了有利条件。2006 年，中白贸易额超过 10 亿美元。[①] 除独联体国家以外，中国成为白俄罗斯第五大贸易伙伴。2010 年，白俄罗斯总统卢卡申科访华时提出，应该充分发挥白方欧亚运输走廊的地缘优势，与中国共建“工业园区”。白俄罗斯是连接欧亚的关键桥

① “Китай — Беларусь: время крупных инвестиционных проектов” - URL: https://www.sb.by/articles/kitay-belarus-vremya-krupnykh-investitsionnykh-proektov.html.

梁，是欧洲主要公路、铁路、水运的关键枢纽。如果“中白工业园”能顺利建成，将连接原苏东地区国家和欧盟两大经济市场。而且从安全角度来看，白俄罗斯在总统卢卡申科执政后，政局相对稳定、治安状况较好，且基础设施也较完备齐全。同年秋季，中白两国共同签署了《关于建设中白工业园的合作协议》。2011年9月，中白两国又进一步签署了《关于中白工业园的协定》，决定将在距离白俄罗斯首都明斯克市仅有半小时车程的克州莫列维奇区，紧邻明斯克国际机场和近欧洲交通干道柏林—莫斯科高速公路旁边合作建设“中白工业园”。此后，“中白工业园”项目被正式纳入两国政府间合作范围。2012年8月，中白工业园区开发股份有限公司成立。当前，“中白工业园”的配套设施齐全，产业配置广泛、规划科学合理，涉及电子信息、精细化工、生物医药、物流仓储等方面。

2013年，中白两国成功建立全面战略伙伴关系，进一步加深了两国在核心利益问题上的相互支持和国际多边领域的高水平互动。不久之后，白俄罗斯成为上海合作组织的观察员国。[①]

2017年，白俄罗斯经济部副部长亚历山大·雅罗申科表示：20多年前作为一个主权国家，白俄罗斯选择了自主发展的道路，

① 商务部网站：白俄罗斯正式成为上海合作组织观察员国，网址：https：//world. huanqiu. com/article/9CaKrnJNmed。

决定不接受“崩塌式”的私有化改革，拒绝社会经济调节过程中国家的消极作用。一段时间以来，白俄罗斯形成了自己的社会经济市场发展模式。[①] 该经济模型的主要特点是：经济发展的背景是出国家掌控的强力政府支持国家独立主权和政治稳定。白俄罗斯经济需要的是逐步发展，而不是“休克疗法”。这就是白俄罗斯经济发展的基本原则。[②] 近年来，在白俄罗斯国内出现了与中国深入合作的强烈呼声。笔者期待，白俄罗斯作为“一带一路”共建国家，今后不仅能成为“一带一路”倡议的重要经济合作者，而且还能使中国与欧亚地区文化相融，促进中国与欧亚地区命运相连。

① Минск обсудит реформирование белорусской экономики с представителями правительства http://naviny. by/rubrics/economic/2014/05/20/ic_news_113_436399. 浏览日期：2016 年 6 月 2 日。

② Минск обсудит реформирование белорусской экономики с представителями правительства http://naviny. by/rubrics/economic/2014/05/20/ic_news_113_436399. 浏览日期：2016 年 6 月 2 日。

结束语

恩格斯在《卡尔·马克思》一文中指出:“政治斗争的中心始终是社会阶级争夺统治权的斗争。”① 列宁认为政治的主要内容是“参与国家事务,确定国家活动的形式、任务、内容和发展方向”。② 白俄罗斯经过独立初期的政治转型和总统与议会的权力之争后,政治、社会、经济发展相对平稳。

与周边独联体国家不同的是,总统卢卡申科领导下的白俄罗斯,其政治社会不存在政治“向东”还是“向西”发展的路线摇摆问题,具有较强的确定性和独立性。

白俄罗斯资深专家和学者普遍认为,以苏联为首的社会主义阵营的垮台和苏联解体是20世纪末世界上最大的灾难,“西方式的民主”不符合当今白俄罗斯主流社会文化,认为西方价值观并不

---

① 《马克思恩格斯选集》第3卷,第40页。

② 《列宁文稿》第2卷,第407页。

是万能的、普遍适用于各类文明社会的。在东西方文化相互冲击的大背景下，白俄罗斯与西方世界在价值观上还存在着较大的差异。[①] 因此，这一群体也是总统卢卡申科坚定不移的支持者。

近年来，白俄罗斯与西方国家的关系仍未缓和，与俄罗斯的关系也因克里米亚事件产生分歧，导致防范与隔阂不断加深。除与传统的原苏联地区国家保持紧密联系之外，与中国的合作变得更加密切，双方关系发展也正迈向更高层次。

---

① Маргарита Алексеевна. Конституционно – правовой статус национального собрания Республики Беларусь. Москва，2016. С. 18.

参考文献

1. “Конституция РеспубликиБеларусь от 1994 г. ” – URL：http：//www. rec. gov. by/sites/default/files/pdf/constitution. pdf/.

2. “Конституция республики беларусь” – URL：http：//www. pravo. by/pravovaya – informatsiya/normativnye – dokumenty/konstitutsiya – respubliki – belarus/.

3. “Декларация Верховного Совета Республики Беларусь от 27 июля 1990 г. №193 – XII О государственном суверенитете Республики Беларусь” – URL：http：//pravo. kulichki. com/zak20 07/bz63/dcm63406. htm.

4. Курьянович А. В. ，Выборы в высшие законодательные и представительные органы власти союзных республик в период 《перестройки》：особенности，противоречия，итоги（на примере избирательной кампании в Верховный Совет Белорусской ССР XII созыва 1990 г. ），Сторiнки сторiї，№36（2013）.

5. “Об итогах референдума СССР, состоявшегося 17 марта 1991 года (Из сообщения Центральной комиссии референдума СССР),” Известия. 27. 03. 1991 г.

6. “Провозглашение независимости Белорусской ССР 25 августа 1991г. ,” https: //ria. ru/spravka/20110825/418384821.

7. Роман В. Т. , Россия и СНГ: Проблемы и перспективы интеграционного развития, диссертация кандидата политических наук, *Российский Академия Государственной Службы при Президента Российской Федерации*, 1996 г.

8. Беларусь. Совершеннолетие. Год 1993 – й” – URL: https: //gazetaby. com/cont/art. php? sn_nid =20604.

9. Юзеф Тымановски, Республика Беларусь между Востоком и Западом Факультет журналистики и политических наук Варшавского университета, 2012г. С. 131.

10. Мандрик И. В. Социальная политика в Республике Беларусь в контексте мирового опыта, Вестник Полоцкого государственного университета. Серия А: Гуманитарные науки. 2014 г. № 9.

11. “АлександрЛукашенко: биография” – URL: https: //24smi. org/celebrity/692 – aleksandr – lukashenko. html.

12. “Когда человек долго находитсяво власти, его перестают любить” – URL: https: //news. tut. by/politics/395322. html.

13. “Лукашенко – Кебичу：Вы знаете цену слову ” – URL：http：//www. belaruspartisan. org/politic/184013/.

14. “Мифы и реальность демократии” – URL：https：//www. sb. by/articles/mify – i – realnost – demokratii – 2. html.

15. О. В. Пролесковский，Т. И. Адуло，В. Ф. Байнев，Н. Е. Захарова，/І. Е. Криштапович，В. А. Лазутка，А. А. Филип，Белорусский Путь，Мастацкая літаратура，2012. С. 559.

16. О. В. Пролесковский，Т. И. Адуло，В. Ф. Байнев，Н. Е. Захарова，/І. Е. Криштапович，В. А. Лазутка，А. А. Филип，Белорусский Путь，Мастацкая літаратура，2012. С. 559.

17. Міхаіл Пастухо ў . Ці законны рэфэрэндум 1995 году адносна наданьня дзяржаўнага статусу расейскаймове? //Аняменне. З кронікі зьнішчэння беларускай мовы. —Вільня：Gudas，2000. ISBN 998 – 6951 – 82 – 7.

18. Лявон Борщевский，депутат Верховного Совета 12 – го созыва—《Кровавая ночь》.

19. ЦИК РБ：Республиканский референдум 14 мая 1995 года.

20. Белорусские новости：ФЛАГ РАЗОРВАЛИ В КЛОЧЬЯ. Новости Беларуси. 14. 05. 1995 г.

21. “Конституция Республики Беларусь от 1994 г. ” – URL：http：//www. rec. gov. by/sites/default/files/pdf/constitution. pdf.

22. “Конституция республики беларусь” – URL: http://www.pravo.by/pravovaya – informatsiya/normativnye – dokumenty/konstitutsiya – respubliki – belarus.

23. “Новейшая история: референдум в Беларуси 1996 г. – Между бездарным Шарецким и готовым на все Лукашенко” – URL: https://nn.by/? c = ar&i = 160651&lang = ru.

24. 张弘:《白俄罗斯的政治转轨——市场改革与民主化的博弈》,《俄罗斯中亚东欧研究》, 2012 年第 5 期。

25. “Конституция республики беларусь” – URL: http://www.pravo.by/pravovaya – informatsiya/normativnye – dokumenty/konstitutsiya – respubliki – belarus/.

26. Палата представителей Национального собрания Республики Беларусь: История парламентаризма в Беларуси. – URL: http://house.gov.by/ru/kratkie_svedenija – ru.

27. Газета《Свабода》Белорусси № 91: Нарушения законодательства при проведении референдума 29. 11. 1996 г.

28. Газета《Белорусский Партизан》: Гарри Погоняйло: Достаточно! . Архивировано 6 августа 2012 года.

29. “The 1996 Referendum: Belarus's Fall into Dictatorship,” – URL: http://belaruspartisan.mybb.ru/viewtopic.php? id = 107#p529.

30. Центральная комиссия Республики Беларусь по выборам и

проведению республиканских референдумов. – URL：http：//www. rec. gov. by/sites/default/files/pdf/constitution. pdf/.

31. 白俄罗斯选举委员会官网：http：//www. rec. gov. by/Archive – Elections – PRB2001。

32. Алеся П. Н.，Обзор – Хроника нарушений прав человека в Беларуси в 2001 году. С. 6 – 9.

33. NavinyНовости：Президентские выборы в Беларуси прошли в соответствии с национальным законодательством，утверждается в итоговом отчете ассоциации организаторов выборов. – URL：https：//naviny. by/tag/vybory – prezidenta – respubliki – belarus – 2001 – goda.

34. Центральная комиссия Республики Беларусь по выборам и проведению республиканских референдумов：http：//www. rec. gov. by/refer/refer2004ukaz. html.

35. "Итоги белорусского референдума：За Лукашенко – 79，42%." – URL：https：//regnum. ru/news/polit/346569. html.

36. Избирательный Кодекс Республики Беларусь 370 – 3 от 11. 02. 2000 г.

37. The Gallup Organization/Baltic Surveys（Вильнюс）— ТРЕТИЙ СРОК АЛЕКСАНДРА ЛУКАШЕНКО："ЗА" И "ПРОТИВ". 09. 2009 г.

38. Союз Государство РБ и РФ: http: //www. belrus. ru/about/organy_souznogo_gosudarstva/vyshiy_gosudarstvennyy_sovet. html.

39. Евросоюз начал радиовещание на Белоруссию: http: //www. shakhty. su/world/news/2006/02/26/belradio.

40. Об участии в президентских выборах заявили в общей сложности пять человек (рус.). Проверено 8 ноября 2010.

41. Постановление Палаты Представителей Национального Собрания Республики Беларусь от 16 декабря 2005 года № 310 – ПЗ/III《О назначении выборов Президента Республики Беларусь》.

42. НовостиTUT: Инициативная группа зарегистрирована. – URL: https: //news. tut. by/elections/62041. html.

43. Новости TUT: Александр Войтович и Валерий Фролов перечислили условия, при которых президентские выборы могут считаться "конституционными и законными" 29. 12. 2005 г. – URL: https: //news. tut. by/elections/62125. html.

44. Новости TUT: Валерий Фролов намерен заявить о своем выходе из президентской кампании 23. 01. 2006 г. – URL: https: //news. tut. by/elections/63187. html.

45. Фролов со своей командой вливается в предвыборные структуры Козулина 01. 02. 2006 г. – URL: https: //news. tut. by/elections/63637. html.

46. Зарубежные СМИ активно комментируют назначение президентских выборов в Беларуси на 19. 03. 2006 г. https：//news. tut. by/society/61632. html.

47. Президентские выборы в Беларуси назначены на 19. 03. 2006 г. – URL：https：//news. tut. by/society/61589. html.

48. Закон Республики Беларусь от 15 декабря 2005 года № 71 – З《О внесении дополнений и изменений в некоторые законодательные акты Республики Беларусь по вопросу усиления ответственности за деяния, направленные против человека и общественной безопасности》.

49. Новости TUT：Председатель КГБ обещает не допустить революции в Беларуси – URL：https：//news. tut. by/politics/60866. html.

50. Новости TUT：БСДП призывает депутатов совершить мужской поступок и проголосовать против поправок в УК. 01. 12. 2005 г. https：//news. tut. by/politics/60954. html.

51. Новости TUT：Данные ЦИК о количестве подписей, переданных в комиссию в поддержку выдвижения претендентов на пост президента – URL：https：//news. tut. by/elections/63460. html.

52. Новости TUT：Зенон Позняк призывает свою инициа-тивную группу “не обращать внимания” на предупреждение ЦИК. – URL：ht-

tps：//news. tut. by/elections/63002. html.

53. Избирательный Кодекс Республики Беларусь 370 – З от 11. 02. 2000 г.

54. Центральная комиссия Республики Беларусь по выборам и проведению республиканских референдумов：http：//www. rec. gov. by. html.

55. Новости TUT：Лидия Ермошина：За президентскими выборами будут следить более 30 тысяч внутренних наблюдателей. 28. 01. 2006 г. – URL：https：//news. tut. by/elections/65482. html.

56. Новости TUT：МИД Беларуси：мы ждем тех наблюдателей，которых пригласили，и не ждем тех，которых не приглашали 09. 03. 2006 г. – URL：https：//news. tut. by/elections/65202. html.

57. Сведения об итогах выборов Президента Республики Беларусь. 19. 03. 2006 г.

58. Лидия Ермошина：На проведение избирательной кампании затрачено порядка $8 млн. 20. 03. 2001 г. – URL：https：//news. tut. by/elections/65716. html? crnd = 8183.

59. Новости TUT：Лукашенко："Давайте проявим мудрость，не будем использовать выборы как фактор раздора и противостояния" 20. 03. 2006 г. – URL：https：//news. tut. by/elections/65726. html.

60. Council reinforces restrictive measures against Belarusian regime Brussels, 23 March 2012. See also: Council conclusions on Belarus and factsheet the European Union and Belarus.

61. Сообщение об итогах выборов Президента Республики-Беларусь 19. 11. 2010 г.

62. Радио свдбода: Рэйтынг кандыдата Лукашэнкi — меней за 50%. 12. 12. 2010 г. – URL: https: //www. svaboda. org/a/22180 40. html.

63. Новости Интер – Факс: Выборы в Белоруссии. 20. 12. 2010 г. – URL: http: //www. interfax. ru/russia/169872.

64. Сообщение Центральной комиссии Республики Беларусь по выборам и проведению республиканских референдумов об итогах выборов Президента Республики Беларусь, 24. 12. 2010 г.

65. Белорусские новости: ООН и ОБСЕ не признает выборы в Беларуси соответствующими стандартам, 20. 12. 2010 г.

66. Новости TUT: По факту массовых беспорядков в Минске возбуждено уголовное дело, 20. 12. 2010 г.

67. Новости РБ: На митинге в Минске белорусский спецназ избивал своих коллег Русская служба новостей, 23. 12. 2010 г.

68. ЦИК Беларуси опубликовал окончательные итоги выборов Президента. – URL: http: //www. belta. by/politics/view/tsik – belarusi – utverdil – itogi – vyborov – prezidenta – 166921 – 2015/.

69. “Конституционно – правовой статус национального собрания Республики Беларусь,” https://dlib.rsl.ru/viewer/01006659425#? page = 1.

70. “Закон СССР № 1708 – 1 Об общественных объединениях от 09.10.1990 г.” – URL: http://legalacts.ru/doc/zakon – sssr – ot – 09101990 – n – 1708 – 1 – s/.

71. “Конституция Республики Беларусь от 1994 г.” – URL: http://www.rec.gov.by/sites/default/files/pdf/constitution.pdf/.

72. Закон Республики Беларусь О политических партиях от 5 октября 1994 г. № 3266 – XII,” http://www.pravo.by/document/?guid = 3871&p0 = v19403266.

73. “Постановление Верховного Совета Республики Беларусь от 5 октября 1994 г. №3267 – XII О введении в действие Закона Республики Беларусь О политических партиях,” http://www.levonevski.net/pravo/razdel4/num2/4d2175.html.

74. “Декрет президента Республики Беларусь №2 О некоторых мерах по упорядочению деятельности политических партий, профессио ¬ нальных союзов и общественных объединений. 26.01.1999г.” – URL: http://pravo.kulichki.com/zak2007/bz41/dcm41608.htm.

75. Ракава А. У., Сучасныя палітычныя партыі ў Беларусі,

Весці НАН Беларусі. №3，2001г.

76. Закон РБ № 327 – 3. О внесении изменений и дополнений в Закон Республики Беларусь О политических партиях от 5 октября 1994 г.，от 29. 11. 1999 г.

77. “Постановление Совета Министров Республики Беларусь от 07. 09. 1990 № 225 О неотложных мерах по обеспечению устойчивой работы народного хозяйства Белорусской ССР в условиях перехода к рыночнойэкономике，” http：//www. levonevski. net/pravo/norm2013/num71/d71649. html.

78. Закон Республики Беларусь от 14 декабря 1990 г. №464 – XII “О Национальном банке Республики Беларусь，” Закон утратил силу Банковским кодексом Республики Беларусь от 25. 10. 2000 г.

79. Верховный Совет БССР 12 – го созыва 1990 – 1995 г.（Национальный архив Республики Беларусь. Фонд 968. – Оп. 4. – Д. Агитационные документы предвыборной кампании по выборам в Верховный и местные советы БССР）.

80. “Постановление Совета Министров РБ № 343 от 04. 09. 1991 г.” – URL：http：//www. lawbelarus. com/084596.

81. “Закон Республики Беларусь от 19 января 1993 г. №2103 – XII О разгосударствлении и приватизации государственной собственности в Республике Беларусь，” – URL：http：//www. pravo. by/docu-

ment/? guid = 3871&p0 = v19302103.

82. Конституция Республики Беларусь действует Конституция 1994 года с изменением и дополнением, принятым на республиканском референдуме 24 ноября 1996 года. Ст. 69.

83. Конституция Республики Беларусь действует Конституция 1994 года с изменениями и дополнениями, принятыми на республиканских референдумах 24 ноября 1996 г. , и 17 октября 2004 года. . Ст. 69.

84. Избирательный кодекс Республики Беларусь 11 февраля 2000 г. № 370 – З. Одобрен Советом Республики 31. 11. 2000 г.

85. Избирательный кодекс Республики Беларусь 11 февраля 2000 г. № 370 – З. Ст. 63.

86. "Приватизация в Республике Беларусь" – URL: http: // mirznanii. com/a/251655/privatizatsiya – v – respublike – belarus.

87. Закон Республики Беларусь №450 – XIII "О внесении изменений и дополнений в некоторые законодательные акты Республики Беларусь по вопросам разгосударствления и приватизации государственной собственности" от 21 июня 1996 г.

88. Закон №2468 – XII《Об именных приватизационных чеках Республики Беларусь》Статья 1. Именной приватизационный чек Республики Беларусь. 2 февраля 1994 г. № 2735 – XII (Ведомости).

89. Верховного Совета Республики Беларусь, 1994 г. , № 7, ст. 93.

90. Таманин В. Л. “Сроки определены”, Приватизация №6, 1995 г. 94.《Приватизация государственной собственности в Республике Беларусь》– URL: http://mirznanii.com/a/251658/privatizatsiya–gosudarstvennoy–sobstvennosti–v–respublike–belarus.

91. “Стратегия реформирования белорусской экономики,” http://pandia.ru/text/77/23/55090.php.

92. “Закон Республики Беларусь от 19 января 1993 г. №2103–XII О разгосударствлении и приватизации государственной собственности в Республике Беларусь,” http://www.pravo.by/document/?guid=3871&p0=v19302103.

93. Доклад о переходном процессе за 2011г. Кризис и переходный процесс глазами людей, Европейский банк реконструкции и развития, 2011.

94. “Декрет Президента Республики Беларусь от 20 марта 1998 г. №3 О разгосударствлении и приватизации государственной собственности в Республике Беларусь” – URL: http://www.minfin.gov.by/upload/depcen/acts/dekret_200398_3.pdf.

95. Закон от 4 января 1999 г. N 229–3, Ведомости Национального собрания Республики Беларусь, 1999 г. , № 5–6.

96. Закон Республики Беларусь от 6 июля 1993 года Об именных приватизационных чеках Республики Беларусь, Ведамасці Вярхоўнага Савета Рэспублікі Беларусь, 1993 г. , № 25.

97. “Правительство Беларуси рассматривает возможность продления чековой приватизации,” https://www.nb.by/publikacii-novosti-nedvizhimosti/*853/.

98. “Не частное дело,” https://www.sb.by/articles/ne-chastnoe-delo-spor.html.

99. “Проблемы переходного периода: 1991 - 2000 гг,” https://studopedia.org/14-21610.html.

100. Отчет об экономиках переходного периода, Европейского Банка Реконструкции и Развития, 1997 г. С. 14.

101. “Закон Республики Беларусь от 14 декабря 1990 г. №464-XII'О Национальном банке Республики Беларусь',” http://pravo.levonevsky.org/bazaby/zakon/zakb1494.htm.

102. Кушнир И. В. Мировая экономика в таблицах и графиках, Институт Экономика и Право, 2010 г.

103. “Постановление Кабинета Министров Республики Беларусь от 12.07.1996 № 457 О Национальной программе привлечения инвестиций в экономику Республики Беларусь,” http://www.levonevski.net/pravo/norm2013/num63/d63643.html.

104. “Постановление Совета Министров РБ О Национальной стратегии устойчивого развития Республики Беларусь. № 255 от 27. 03. 1997 г. ” – URL：http：//naviny. org/1997/03/27/by68503. htm.

105. “Постановление Министерства экономики РБ № 163 от 30. 11. 1999 г. Об утверждении Перечня социально значимых товаров（работ，услуг），цены（тарифы）на которые регулируются Министерством экономики” – URL：http：//pravo. levonevsky. org/bazaby11/republic47/text018. htm.

106. “Постановление Министерства экономики РБ № 158 от 31. 08. 2005 г. Об утверждении Правил по разработке бизнес – планов инвестиционных проектов，” http：//pravo. levonevsky. org/bazaby09/sbor27/text27366. htm.

107. “Иностранные инвестиции в Беларусь—почему не поступают？” – URL：https：//4esnok. by/analitika/inostrannye – investicii – v – belarus – pochemu – ne – postupayut/.

108. “Постановление Министерства экономики РБ. № 40 от 28. 02. 2006 г. Об отдельных вопросах выполнения основных целевых показателей прогноза социально – экономического развития Республики Беларусь в части обеспечения снижения доли материальных затрат в себестоимости продукции，товаров（работ，услуг）” – URL：http：//www. levonevski. net/pravo/norm 2013/num 33/d33872.

html.

109. “Постановление Министерства экономики РБ. № 40 от 28. 02. 2006 г. Об отдельных вопросах выполнения основных целевых показателей прогноза социально – экономического развития Республики Беларусь в части обеспечения снижения доли материальных затрат в себестоимости продукции, товаров (работ, услуг)," http: //www. levonevski. net/pravo/norm2013/num33/d33872. html.

110.《Указ Президента РБ № 27 от 15. 01. 2007 г. Об утверждении Программы развития банковского сектора экономики Республики Беларусь на 2006 – 2010 г.》– URL: http: //www. levonevski. net/pravo/norm2009/num12/d12461. html.

111. 白俄罗斯共和国国家统计委员会: Национальный статистический комитет Республики Беларусь. – URL: 116. http: //www. belstat. gov. by/ofitsialnaya – statistika/solialnaya – sfera/trud/godovye – dannye/raspredelenie – chislennosti – zanyatogo – naseleniya – po – formam – sobstvennosti1/。

112. “Беларусь: ВВП – Валовой внутренний продукт (млрд. долларов США)” – URL: https: //ru. actualitix. com/country/blr/ru – belarus – gross – domestic – product. php.

113. Постановление Министерства экономики РБ. № 29 от 30. 04. 2013 г. //Об утверждении Инструкции о порядке согласо-

вания Министерством экономики Республики Беларусь проведения заказчиком（организатором）процедуры закупки из одного источника при осуществлении государственных закупок.

114. “ВВП Беларуси в 2015 г. по сравнению с 2014 г. уменьшился на 29，4% до 53，508 млрд. долл.” – URL：http：//busine-ssforecast. by/partners/ratings/1537.

115. “Постановление Министерства Экономики Республики Беларусь. 10. 12. 2015 г. №68，” http：//www. tarify. by/постановление – 68 – от – 10 – 12 – 2015/.

116. Снапковский В. Е.，Внешняя политика Республики Беларусь：первые итоги первого десятилетия，Белорусский журнал международного права и международных отношений №4 2000 г.

117. Бобков В. А.，Браим И. Н.，Егоров А. Н. и др. Политология：учебник，Экоперспектива.，2000 г.

118. “Договор между РФ и Республикой Беларусь от 02. 04. 1997 О Союзе Беларуси и России，” http：//legalacts. ru/doc/dogovor – mezhdu – rf – i – respublikoi – belarus – ot/.

119. “Лукашенко：РФ не готова к созданию Союзного государства с Белоруссией，” https：//www. kp. ru/online/news/2708632.

120. Декларацию о дальнейшем единении Беларуси и России，25 декабря 1998 г.

121. Соглашение о создании равных условий субъектам хозяйствования, декабря 1998 г.

122.《Высший Государственный Совет》– URL: http: //www.belrus.ru/about/organy_souznogo_gosudarstva/vyshiy_gosudarstvennyy_sovet.html.

123. "Парламентское Собрание Союза Беларуси и России" – URL: http: //www.soyuz.by/official/parliament.

124. ［俄］久加诺夫:《俄罗斯向何处去：俄共中央主席久加诺夫如是说》，人民出版社，2015 年版，第 13 页。

125. "Договор между РФ и Республикой Беларусь от 02.04.1997 О Союзе Беларуси и России" – URL: http: //legalacts.ru/doc/dogovor – mezhdu – rf – i – respublikoi – belarus – ot/.

126. "Соглашение между Правительством РФ и Правительством Республики Белоруссия от 29.01.2001 О завершении унификации и создании единой системы тарифного и нетарифного регулирования в Союзном государстве," – URL: http: //legalacts.ru/doc/soglashenie – mezhdu – pravitelstvom – rf – i – pravitelstvom – respubliki – belorussija – ot_3/.

127. Пивовар Е. И., Постсоветское пространство: альтернативы интеграции. Исторический очерк, Алетейя 2009 г. С. 147.

128. "Соглашения между РБ и РФ о введении единой

денежной единицы и формировании единого эмиссионного центра Союзного государства от 30. 11. 2000 г. ” – URL: http: //legalacts. ru/doc/soglashenie – mezhdu – rf – i – respublikoi – belorussija – ot/.

129. Бобков В. А. Беларусь в интеграционных проектах, Институт экономики НАН Беларуси, 2011 г. С. 231.

130. “Лукашенко: Россия делает независимость Белоруссии устойчивее” – URL: https: //www. pravda. ru/news/politics/01 – 07 – 2017/1340329 – lukashenko – 0/.

131. “Послание Президента Республики Беларусь Александра Лукашенко к белорусскому народу и Парламенту Республики Беларусь16 апреля 2003 года,” – URL: http: //president. gov. by/ru/news_ru/view/poslanie – prezidenta – respubliki – belarus – aleksandra – lukashenko – k – belorusskomu – narodu – i – parlamentu – respubliki – 5822.

132. “У Лукашенко есть радикальный вариант объединения” – URL: https: //ria. ru/politics/20030416/367640. html.

133. Бобков В. А. Беларусь в интеграционных проектах, Институт экономики НАН Беларуси, 2011г. С. 311.

134. Тихонова С. В. Российско – белорусское сотрудничество в нефтегазовой сфере в 1992 – 2008 г. , 2015г. С. 210.

135. “Беларусь и Россия: стратегия и тактикапостроения Союзного государства” – URL: https: //minsk. gov. by/ru/actual/view/

209/den_info_20050713. shtml.

136.《白俄与俄罗斯实行统一货币计划延期预计至 2006 年》 – URL，http：//intl. ce. cn/gjzx/oz/be/jrzq/200708/17/t20070817 _ 12583349. shtml，2017 年 11 月 25 日。

137. Колотущкин В. С.，Белкин В. П.，Белкина Н. Е.，Система《РОСТ》в действии，Трудовые отношения，2007 г. №3. С7.

138. Колотущкин В.，Белкин В.，Белкина Н. Система《РОСТ》в действии//Трудовые отношения，2007 г.，№3，С. 10.

139. “Федеральный Закон РФ от 27. 07. 2006 №151 – ФЗ О внесении изменений в главу 26 части второй Налогового кодекса Российской Федерации и признании утратившими силу отдельных положений законодательных актов Российской Федерации，” https：//rg. ru/2006/07/29/nalog – glava26 – dok. html.

140. Тихонова С. В.，Энергетическое сотрудничество России и Белоруссии（1992 – 2010 гг.），Мир и политика，№12，2011г.

141. Розанов А. А. Беларусь：восточный и западный векторы обеспечения безопасности/Республика Беларусь между Востоком и Западом. 2012 г. С. 181.

142.《Неприлично братская любовь》– URL：https：//lenta. ru/articles/2014/12/11/brat/.

143. Организация научной деятельности：Госполитика/В соо-

тветствии с подписанным руководителями России, Казахстана и Беларуси на саммите ЕврАзЭС 5 июля заявлением, с сегодняшнего дня вступил в силу Таможенный кодекс Таможенного союза.

144. Снапковкий В. Е., Внешняя политика Республики Беларусь: первые итоги первого десятилетия, Белорусский журнал международного права и международных отношений № 4, 2010 г.

145. "Решение Суда Евразийского экономического сообщества № 21 О Регламенте Суда Евразийского экономического сообщества," http://naviny.org/2012/07/12/by10743.htm.

146. "Евросоюз выделяет деньги на борьбу с режимом Лукашенко" – URL: http://www.newsru.com/world/14mar2005/belorussia.html.

147. "ЕС и Белоруссия: Брюссель через Минск ищет сближения с Москвой" – URL: https://regnum.ru/news/polit/19219 26.html. Лун Сяотао. Размышления о создании системы госслужащих. Ж.《Научная теория》. №7 за 2010 г. С39.

148. Шаншиева Л. Н., Беларусь и Украинский кризис (2013–2015 гг.), Европейская безопасность: события, оценки, прогнозы. № 39 2015г.

149. "ЕС снял санкции с Лукашенко" – URL: http://www.rbc.

ru/politics/15/02/2016/56c1c3de9a7947e07c1f2887. 15. 02. 2016.

150. “Беларусь и страны Америки” – URL: http: //mfa. gov. by/bilateral/america.

151. “США обвинили белорусский ‘Инфобанк’ в отмывании денег Саддама Хусейна” – URL: http: //www. news-ru. com/world/24aug2004/infobank. html.

152. “Конгрессмены совершили акт для Белоруссии готовят экономические санкции” – URL: https: //rg. ru/2004/10/07/evrosoyuz – belarus. html.

153. “Россия – Белоруссия: Оттепель? Застой? Перезагрузка?” – URL: https: //wciom. ru/index. php? id = 236&uid = 116 074.

154. “Белоруссия и США подписали план о военном сотрудничестве” – URL: http: //www. rosbalt. ru/world/2016/10/21/ 1560616. html.

155. “Александр Лукашенко Встретился с Начальником Генерального Штаба Народно – Освободительной Армии Китая Фу Цюанью” – URL: http: //afn. by/news/i/18227.

156. “Китай — Беларусь: время крупных инвестиционных проектов” – URL: https: //www. sb. by/articles/kitay – belarus – vremya – krupnykh – investitsionnykh – proektov. html.

157. 《孟建柱与白俄罗斯副总理共同主持中白政府间合作委员会第一次会议》，网址：http：//news. ifeng. com/a/20140904/41865547_0. shtml，2017 年 11 月 23 日。

158. 《习近平同白俄罗斯总统举行会谈》，《新华每日电讯》，2016 年 9 月 29 日，第 1 版。

后　　记

在《白俄罗斯的国家构建与社会发展》一书即将付梓之际，笔者最想感谢的就是我的博士后合作导师孔凡君教授。如果没有博士后期间孔老师的严格督促，我的博士后出站报告写作与答辩不会那么如期、顺利地完成。

虽说与孔老师名义上是“合作关系”，但在实际上，无论是为人、为学，还是在工作生活中孔老师都给予了我很多指导。在孔老师的主持下，我有幸作为重要参与人之一，完成了国家社会科学基金重点项目“原苏联东欧地区的发展现状与社会主义思潮研究”（项目批准号：12AGJ001）中亚美尼亚、阿塞拜疆、白俄罗斯三国的国家构建与社会发展的研究报告，总字数约为 20 万字。客观来讲，这三个国家都是原苏东国家中难啃的“硬骨头”，国内的研究者相对较少，研究资料基本都是片段性的。因此，非常感谢孔老师对于我的信任，看重我留俄的背景和政治学功底，将此重担交付于我。在这里，我也要诚挚地感谢远在俄罗斯国立莫斯科罗蒙诺索夫大学亚非学院政治学系的导师——副系主任娜达利雅·谢尔盖耶夫娜和她的助手，在我不方便出国查阅俄文资料的情况下，为我提供了俄罗斯国内的图书馆里部分研究这三个国家的英文、俄文资料。当然，仅靠上述资料还是有些欠缺的。在项目期间我还在各种搜索引擎和官方网站上，查找了大量相关研究文献资料，并且初学了白俄罗斯语。这为项目能够最终顺利完成并成功结项，奠定了一定的基础。

同时，我还要感谢北京大学国际关系学院的领导、老师，包括唐士其院长、王逸舟教授、学院秘书潘荣英副教授，以及项佐涛师兄。他们的指导和帮助，使我的博士后出站报告几经补充完善。特别是帮助推荐了时事出版社，使我获得了出版的机会。最后，该书能够出版付梓，一方面是孔老师的希望和嘱托，另一方面，也要感谢我的爱人、北京大学哲学系博士后唐薇（她同时是北大国关博士，孔老师的学生）。

之所以选择白俄罗斯作为我的出版报告和出版对象，在于它与俄罗斯在历史传统与民族文化、政治经济与大众生活等多个领域天然的联系。如果三个国家放在一部专著里同时出版，那么它们之间将缺乏内在的逻辑联系，优势将会变为劣势。所以做此选择，也是经过充分考虑和衡量的。

我还要再次感谢我的爱人唐薇同志，她在忙碌之中还帮我对专著的全稿进行了齐清，并且部分做了修改。虽说我们不及三人，不可顶替一个诸葛亮，但是也算各尽所能，仁者见仁，智者见智了。

同时，我还要感谢我的父母，给予我学业和生活无私的支持与鼓励，并且针对书稿提出了个人的修改意见，供我参考。作为一名共产党员，我所取得的成绩，使他们感到骄傲与自豪，于我而言，足矣。

对我本人而言，在北大的学习，尤其在国关的岁月，如同在莫斯科的留学生活一样，精彩纷呈，硕果累累！北大国关严谨的学风、活跃的学术氛围、严格的教学与科研管理，使我更加自律、更加好学。可以说，这段岁月将会令我终身难忘！

再次感谢所有在我撰写报告、完成项目、书稿付梓过程中，给予我支持与鼓励的朋友、同志！愿祖国安好，愿人民安康！